喬木
書房

喬木書房

高調做人，你才能夠成就自己

這是一個全新的處世哲學，
現代人的成功之本。

艾芮偲——著

在這個社會上，為什麼很多人的才華被埋沒？

並不是因為他們的能力不足，而是因為他們做人做事過於「低調」。

尤其是在這個競爭越來越激烈的社會中，你縱然是天才，

如果沒有出色的表現，那麼也是很難獲得賞識。

所以當遇到機會來臨的時候，不要覺得自己的條件不夠，

要勇敢的去爭取以及努力的去展現，此時就要「高調做人」。

「高調做人」，其實是包括自我實力的培養和面對他人的能力展現，
一方面向內自我成長，另一方面向外自我推銷，兩方面缺一不可。

目錄

第五章　高調做人，你就是老闆的「情人」……164

第六章 要做一個非凡的人……212

前言：

我們從小就被父母親灌輸著「做人要低調」的觀念，因此大多數的人不懂得高調的意涵，於是用著低調的態度在面對自己的人生(實際上是缺乏世界觀)，這種不敢張揚的拘謹與低調就形成了一種習慣，從此就自動把自己可以探索的能力給埋沒了。

有些人的低調實際上已經是自卑的心態，即使當事情來臨時有些微表現的衝動，因為不敢嘗試與種種的不適應感而草草收兵，也由於沒有來自父母與師長的積極鼓勵，所以就索性斷絕了自己的嚮往。實際上表現高調也是一種自我訓練，越懂得表現，你的表現就越熟練，越不表現就會越拘謹，最終不表現者就越來越畫地自限，不能自拔。**在現**

今的社會中，競爭越來越激烈，你縱然是天才，如果沒有出色的表現，那麼也是很難獲得賞識。

高調也算是一種人生經歷的方式，人如果能夠適當地表現出自己的特點、才華、愛好與需要，我們就有更大的可能與其他和自己相近的人匯聚。在自己擅長的領域裡能盡情地表現自我，從而使自己的知識、能力與才華獲得全方位的展現，讓自己在人群中有鶴立鷄群的際遇；那就是一種高調做人、不甘人後的精神。

其實，懂得高調做人的意涵，你一定會是一個虛懷若谷的人；你一定會是一個光明正大的人；你一定會是一個博學好問的人；你一定會是一個居安思危的人；你一定會是一個高瞻遠矚的人。高調做人，就不會去斤斤計較那些雞毛蒜皮的小事；就不會去自吹自擂那些風花雪月的鬼話；就不會一意孤行的去爭名奪利。

高調做人，使得你在社會競爭之中，仍然保持自己的溫文儒雅；使得你在風雨飄搖之中，仍然堅持自己的遠見高瞻；使得你在風光得意之時，仍然把持自己的立場目標；使得你在遭受背叛之時，仍然支持自己的運籌帷幄。

高調做人，不是自以為是的輕浮，而是光明磊落的穩重；不是自命清高的輕蔑，而是無慾則剛的坦然。

雖然做人要高調，但是高調做人的同時，你將會成為招風大樹，雖說樹不招風則不會壯大，仍要請你務必恪守另一條原則，即「做事要謙恭」。

高調做人是我們生活中的必須要求，本書的最終目標，便是希望能讓你成為一個「高調做人」的高手；使你永遠成為高風亮節和德高望重的紳士。希望本書能讓你在尋找做人的精髓路上，少走一些彎路，在事業上獲得成功，在人生的道路上找到幸福！

第一章　高調做人，機會就會自動找上門

世界上每個人的人生機遇都不相同，因為沒有一個人的處境和條件是相同的。這是必然存在，不用諱言的。努力是把握機會、創造機會的關鍵，學習如何高調做人又是其中的重點。高調做人，其實是包括自我實力的培養和面對他人的能力展現，一方面向內自我成長，另一方面向外自我推銷，兩方面缺一不可。

種子播在土裡，有的長得好，有的長得不好，更有的是已腐爛。這固然有氣候、水分、土壤、蟲害等因素，但種子本身卻是關鍵。如果是一粒枯死的種子，哪怕條件再好也是發不了芽！

想要具備把握機會的實力，就必須刻苦學習，努力奮進；想要表現自己，推銷自己，就必須自我修煉。一分耕耘，一分收穫，不願付出汗水，機會即使掉到你的手上也是接不住

的。「機會是留給有準備的人」，這句話簡潔地說明了機會和自身的關係。

其次，光有實力還不夠，還需要勇於推銷自己。國人素來以謙遜退讓為美德，這在生活與待人接物上是值得讚許的，但在事業上是不可取的。即使對形勢瞭若指掌且頗有辯才的人，如果不懂得自我推薦，又怎能脫穎而出？只是坐在家裡等待機會，機會往往就「三過家門而不入」。只有走出去，表現自己，機會才有可能來考驗你、擁抱你。很多人缺少自信心，遇事退縮，不敢走出自我封閉的藩籬，結果空有才能、學識也無人知曉而懷才不遇，這實在是太可惜了。在公司得到升職機會的人，通常都是能夠積極推銷和表達自己，而且是有企圖心的人。當他們還是公司的一名基層員工時，只要是和公司或者團隊利益相關的事情，他們就會不遺餘力地發表自己的見解、貢獻自己的能力，幫助公司制定和安排工作計劃；在完成本職工作後，他們總能協助其他人儘快完成工作。他們常常鼓勵自己和同伴，提高整個團隊的士氣；這些人總是以事為本、以事為先，他們也都是最積極主動的人。

由此可見，做人既要刻苦自勵，具備把握機會的實力，又要勇於走出去，嶄露鋒芒。那麼，何愁沒有機會？何愁不能成功？如果只是一味的苦修，而不敢脫穎而出是不行的；但只是敢出鋒頭而沒有實力則更加不行。

這是一個全新的處世哲學，現代人的成功之本

老一輩的人時常告誡我們「要低調做人，要高調行事」，也要求我們把這句話當作自己的人生格言。從歷史上來看，這樣的說法是有一定的道理。我們生長在一個講究禮儀的國度，也是一個講究親情的社會。儒家的中庸之道已經籠罩了這個國家幾千年歷史。先賢也時常告誡我們：「木秀於林，風必摧之。」又告訴我們：「人外有人，天外有天。」一個人若不能學會韜光養晦就難成大器。但是，老辦法總是有力不從心的一天。所以，我們應該尋找一種全新的處世哲學，才能在這個紛擾複雜的社會上立足。

從高調與低調的角度來區分，能夠同時做到「低調做人與低調做事」的，無外乎兩種人，其一是無與匹敵的頂級高手，譬如老子，已臻「上善若水」無為而無不為的境界；其二則是真正的庸人、普通人，數千年來社會最底層的老百姓一直是在「低調做人與低調做事」。「低調做人」在當今社會上是完全不具有參考價值。試想一下，「低調做人」真的適合在現今社會上生存嗎？身為上班族，你得推銷自己才能找到工作；作為

老闆，你得融資、推廣業務、尋覓合作夥伴，還是得推銷自己。

能夠同時做到「低調做人與高調做事」的，其一是韜光養晦的戰略家；其二是別有用心的陰謀家；當然最常見到的是所謂「專門欺壓菜鳥的資深員工」，這種人也就是常見的老鳥，平時不聲不響，做件小事情就大張聲勢，好讓上司知道自己在做事，其實只是假裝忙碌罷了。

能夠同時做到「高調做人與高調做事」的，不是傻子就是獃子，通常遇見的幾乎都是騙子。

那麼在當今社會上最具備成功的可能性，恐怕只剩「高調做人與低調做事（下回再來談低調做事，本文先和各位聊聊高調做人）。

為何只有高調做人會具備成功的可能性，因為唯有高調做人，才會有辦法推銷自己、也才有就業機會（要不然你的履歷表打算怎麼寫，難道要寫我什麼都不會），別忘了，時代正在進步，社會用人模式已經從推選演化至競選了，當然這種演變千萬別指望會有復古這種狀況發生。

「高調做人」便是在任何場合，尋找任何機會，用盡任何辦法，讓更多的人知道我、認識我並且記住我。因為，沒有人不希望自己有更好的生活品質；沒有人不希望自己有更多的朋友；沒有人不希望自己成就更多的事業；沒有人不希望自己得到更多的尊重。但如果只是低調做人的話，就很難被別人所認識。

若不被別人所認識，如何能被別人所瞭解？

既不被別人瞭解，如何能被別人所接受？

既不被別人所接受，如何能獲得別人支持？

既不受別人所支持，如何能得到別人的幫助？

既得不到幫助，如何能有機會去實現個人的價值？

既不能得到實現個人價值的機會，如何能得到更多人的尊重、提高生活品質以及拓展自己的未來？

希臘船王曾說過，若是有朝一日他一貧如洗，他唯一東山再起的辦法就是到一家富人聚會的餐廳去做服務生，再從近距離觀摩富人如何言談、如何舉止、如何與人溝通、如何思考問題做決策。這說明了一個人要成為富人，最重要一點便是具備富人的觀念與態度。那麼縱觀全世界，富豪不計其數，可是被人知曉，被人尊重的富豪實在微乎其微，但哪一個不是借助媒體的影響力，幫助自己的企業創造了巨大的知名度進而產生影響力，從而獲得不斐的經濟效益。

你也許會認為「高調做人」容易讓自己受到太多聚焦，讓自己生活在強烈的鎂光燈下，便會窒息了自己的思維，讓自己時常處於水深火熱而不能自拔，以至於喪失對生活的實際支配權；這樣的顧慮顯然不無道理，但是若能夠真正掌握「高調做人」的訣竅，這個做法就不足為慮了。

任何事情都不可能只由一個人完成，如果妄想組成一人社會，那麼將完全違背了經濟學中，專業分工以創造最大規模的效益這條金科玉律。一個組織，一個系統若不能做到用合適的人擔任合適的職位、做合適的事情，就要被淘汰，至少在競爭中將持續處於下風，最好的結局也不過是苟且偷安。所以，讓我們堅持「高調做人」的處世原則，讓成功離自己更近一些！

高調做人，才能吸引到目光

被人關注總是一件令人心情愉悅的事情，雖然有時也會帶來些許困擾。就一般人而言，被注意的人很容易成為人際關係的中心人物，很容易交到朋友。所以，我們要學會與人打交道，就必須學會吸引別人的目光。因為只有別人注意你了，你才有可能與人相識，才有可能得到賞識，才有可能得到眾人的喜愛。

那麼，我們就來談談要如何去吸引別人的目光？有以下幾點建議

1、精神總是飽滿

以心理學的角度來說，一般人的正常心態都會比較喜歡精神煥發、神采奕奕的人。這樣的人會散發出一種精明能幹、充滿活力的朝氣，也容易影響周遭的人，使人心理上產生一種信任感。因此，一個人精神上應該維持充實與飽滿，經常保持樂觀、開朗、豁達的心境。如此，在與人相處時才能帶來歡樂和舒暢，激起對方想交

往的動力，像磁鐵一般把人們吸引到你的周圍。如果總是無精打采、老氣橫秋，會使人覺得空氣沉悶，即使你有交往的誠意，也會讓人感到乏善可陳，引不起交往的動力。

2、儀俵端莊優雅

儀俵端莊優雅注重禮貌的人，也能給人留下好的印象，引人注意。但是，一個人的儀俵不在穿著是否華麗，只要衣著得體乾淨與自己的氣質相稱，就會顯得大方具有吸引力。反之，缺乏禮儀和優雅氣質的人，即使穿著時髦高尚，也只能給人一種高不可攀的感覺，誰願意跟這種人交往呢？

3、善於表現長處

懂得善於表現自己的人，往往也會引人注目。常言道：「藝多朋友多」，這句話確實不假。只要你稍微留意一下就會發現，在團體生活中，具有多種活動技藝並能恰到好處地表現自己的人，都是頗受到人們歡迎和重視的。相對而言，老實木訥、無任何特長技藝的人，交際的圈子要小得多。另外，善於表現也要講究表現的方法。心理學研究認為，人們的興趣是由外部信息引起的求知慾望，與之有聯繫的有兩個方面，一方面關係到自己利益的事情，另一方面是自己感到意外的事情。

所以，表現自己時可以針對這種心理來讓別人注意你。你可以設想把自己的所作所為與對方的利益聯繫起來，使對方感到不注意你也許會招致什麼損失；你也可以讓對方感到意外，不過要做得自然適當，千萬不要虛張聲勢，嘩眾取寵。

在放暑假之前，十六歲的佛瑞迪對父親說：「我要去找個工作，這樣整個暑假我就不會向你伸手要錢了。」

不久，佛瑞迪便在報紙的小廣告上找到一個適合他專長的工作。第二天上午八點鐘，他來到紐約第四十二街的應徵地點，但那時已經有二十位求職者排在隊伍的前面，他是第二十一位。要怎樣才能引起特別的注意而贏得職位呢？佛瑞迪沉思良久，想出一個主意：他拿出一張紙，在上面寫了幾行字，然後把紙折得整整齊齊交給秘書小姐，並且恭敬的說：「小姐，請妳馬上把這張紙條交給妳的老闆，非常重要！」「好的，先讓我來看看這張紙……」秘書小姐看了紙條上的字後不禁笑了起來，並立刻起身走進老闆的辦公室，老闆看了也大聲笑了起來。原來紙條上寫著：「先生，我排在隊伍的第二十一位。在您還沒有看到我之前，請先別忙著做出決定。」最後，佛瑞迪如願以償的得到了這份工作。

仔細的去研究人的注意力，其實它是有著一定的規律，試著去吸引別人的注意力，抓住別人的眼光，高調做人，會成為你成功的關鍵所在！

高調做人成大事，謙恭做人成小事

在剛出社會時，職場的前輩不斷的告訴我們：「低調做人，高調做事。」他們認為，這對於一個剛進入社會的年輕人來說是很重要的。因為，當初的他們一無資金，二無資歷，三無資源，這樣的一個「三無」產品，進入社會後首先要做到的是，做人要保持低調，態度要謙恭；就是自己要謙虛、對別人要恭敬，在情感上得到老闆、上司和同事的認可，不求無功，但求無過。

由於謙恭的態度給他們帶來了良善的人際關係和工作環境，起初覺得這個做法似乎是對的，於是按照這個觀點行事，一直延續了很久；直到有一次，老闆把一個極為重要的任務，交付給了平時做人極為高調的一名同事，也因此這名同事得到了升職的機會，成為了新任的主管。

對於在向股東說明人事異動時，老闆只是輕言一句，我想全公司應該只有他知道如何處理這類事件，至此我們才恍然大悟，原來大家因為不好意思張揚，謙虛的說不太熟，可以試試看的當下，只有這位新任主管勇於告訴老闆，我有經驗、我曾完整處理過類似事件。在老闆的眼中也完全採信眾人的說法，結果當然在沒有任何選擇與競爭的狀況下，這位新任主管升職成功；其實據我所知，處理過類似案件的人，僅我所在的團隊之內至少有三個人以上，但卻只有一個人是真正懂的高調做人。

多年後，曾在一次聚會下遇見這位老闆，閒聊之中他也很明白表示，當年若將任務交給的是另一個不懂表達自我的人，即使當初完成交代的事，恐怕也很難讓他升職；因為升職後將要帶領著這個團隊去面對客戶，如果不是一個高調的人，如何能向外介紹公司產品，難道也要謙虛的說自己的產品沒什麼；而當初的這名主管，現在也已經是頂級的業務經理人了。

成功的人不是天生便能成功的。事實上，上帝公平地給了每個人，一個取之不盡用之不竭的腦袋，就連愛因斯坦這等非凡人物，也只用了不到百分之十。誰能運用後天的努力把自己的智力及外界的一切資源發揮到極限，誰就可以成功。

任何一位想成就偉大事業、想創造出不同凡響的人，都必須是高調的。這是一種渴望成功的強烈意願，願意為成功付出巨大代價的行動的表現，朋友，你想成功嗎？那麼就要勇敢地讓自己成為一個高調的人吧。

做人太謙恭，就會沒人要

謙恭並不是無限的，而是有原則的。謙恭要以適度為前提，以真誠為條件。所謂適度就是適時謙恭，不妄自菲薄，不自尊自大。過度的謙恭無論是出於自卑還是自傲，都會變成以喪失自尊為代價。

謙恭若少了真誠，謙恭就會被看成了沽名釣譽的面具。虛偽的謙恭僅能換得庸俗的掌聲，而不能獲得真實的助力。

近年來，發生多次全球性金融危機，大家都在抱怨工作難找。許多社會新鮮人，在初入職場面試時屢屢受挫，原因何在呢？應該說原因是多方面的，但其中「表現的過度謙恭」絕對是一個重要的因素。

試想，當你面試時，面試官會把這份工作應面臨的艱辛和壓力告訴你，如果你表現得過度謙恭，不就等於在變相的向主考官訴說自己「能力不是很好，抗壓性不足」。面對工作的艱辛和壓力是你需要有心理準備的，如果連面對強大壓力和辛苦工作的勇氣也沒有的話，怎麼可能獲得這份工作呢？

求職是從撰寫履歷開始，有些人撰寫履歷時總是害怕鋒芒畢露，不敢把自己寫得太好，所以只是用最簡化的程序列出學經歷，對於曾體驗、經歷到的實質內容則輕描淡寫，結果讓人無法瞭解你到底有多少能耐，通常不知道就只好當作你什麼都不會，因此求職過程中是不能一昧地謙恭。

總之，職場一定要學會推銷自己！要能說、能寫，善用優勢，運用一切有利的機會去推銷自己，要知道樹立自己的形象是有必要的！利用機會創造條件，讓別人瞭解自己，不然上司怎麼知道你能幹？投資人怎麼會相信你？把自己推銷出去，機會自然會來找上你！

謙恭，到了別人的眼中就是安於現狀、自得其樂。如果你已經習慣了安於現狀，不接受新事物、新挑戰，即使來到日常生活中，需要你做出抉擇時，不是猶豫不決就是退避三舍。當你已經習慣了接受簡單易做的工作並自得其樂，那能有什麼成就呢？

所以說，不要總是把自己表現得太謙恭，無論何時何地都應該展現出自己有信心，都應該告訴自己我可以，別人就會相信你。這種自信能激勵和感染他人，獲得別人對你的認同感。

從「我不行」到「沒有我不行」

想要把自己的人生從「我不行」改變成「沒有我不行」，就必須擁有一定的高度；試想，從高處往下看時，很多的事情是不是就變得很清楚。

弗蘭克在從事推銷的第一年，由於收入太低，不得不再找一份工作兼差，於是弗蘭克到斯古斯摩學院當棒球隊的教練。

有一天，弗蘭克接到賓夕法尼亞州賈斯特的基督教男青年會寄來一份請柬，邀請他參加一個名為「清潔語言、清潔體育活動」的演說聚會，並且要邀請他上台演講。他深知這是一個相當重要的演講活動，無法推辭。可是弗蘭克也知道自己沒有在大庭廣眾之下演講的勇氣，有時連對一個陌生人說話也會感到羞怯。因此他經常質疑自己「我是不是不行呢？」

收到邀請函的第二天，弗蘭克隨即到費城的口才訓練補習班，報名參加「公開演講訓練班」。指導老師帶著他來到教室坐下，他看見班上一位同學正在發表演講，由於這位同學實在太緊張了，因此表現得很狼狽，但也激起了弗蘭克的勇氣。

兩個月後，弗蘭克準時到賈斯特的基督教男青年會參加演說聚會，此時的他已經可以輕鬆的面對聽眾。弗蘭克講述自己的個人經歷，講起他在棒球隊的經歷，以及如何從重要的聯賽中退出，甚至還提及在球隊時他與室友米勒．霍金斯的事。整個演講過程進行了約一個半小時，演說結束後許多聽眾走上前來與他握手致意。

所以，只要設法突破自身原有的障礙就會發現，原來自己身上隱藏著巨大的潛能。克服膽怯，高調做人，將會使你成功邁出第一步。

有一個年輕人，因為貧窮沒有能力就讀大學，於是他想找一份工作。可是他發現似乎沒有一間公司願意聘請他，因為他沒有文憑。就在他決定要離開這座城市時，忽然心血來潮，寫了一封信給當時很有名的銀行家羅斯。在信中他抱怨命運對他是如何的不公平，「如果您願意借一點錢給我，我會先去上學，然後再找一份好工作」。

幾天過去了，他花完了身上的最後一分錢，也已經將行李打好了包。就在這時，他收到一封羅斯寫來的回信。可是，羅斯並沒有對他的遭遇表示同情，而是在信中講了一個故事。

羅斯說：在浩瀚的海洋裡生活著很多魚，幾乎所有魚都有魚鰾，但是唯獨鯊魚沒有魚鰾。沒有魚鰾的鯊魚按照生物學而言，是不可能在海中活下去的。因為少了魚鰾的魚，在海中行動極為不便，很容易沉入海底，可是海洋當中，只要一停下來就有可能喪生；為了生存，鯊魚只能不停地游動，經過數千年演化，鯊魚擁有了強健的體魄，成了同類中最兇猛的魚。

這個城市就是一個浩瀚的海洋，擁有文憑的人很多，但成功的人很少。而你現在就是一條沒有魚鰾的魚。

當晚，年輕人躺在床上久久不能入睡，一直在想著羅斯的信。突然，他改變了決定。第二天，他跟旅館的老闆說，只要給他一碗飯吃，他願意留下來當服務生，一分錢工資都不要，旅館老闆喜出望外的留下他。

十年後，這個年輕人擁有了令人羨慕的財富，並且娶了銀行家羅斯的女兒，這個年輕人就是石油大王哈特。

高調是成功的必須

缺少高調做人的風格，就很難在眾人之中凸顯自我，進而得到別人的尊敬與目光，當然也不容易在人際關係上左右逢源，更不容易獲得捷足先登的機會。

1、高調的人擁有較高的自我期待標準，這是成功的關鍵

一九六〇年，哈佛大學的羅森塔爾博士曾在加州一所學校做過一個著名的實

驗。

新學年開始時，羅森塔爾博士要求校長邀請三名現任老師進辦公室，對他們說：「根據你們過去的教學表現，你們是本校最優秀的老師。因此，我們刻意挑選了一百名全校最頂尖的學生，組成三個班級。這些學生的智商比其他孩子高，希望你們能讓這些孩子取得更好的成績。」

三位老師聽完後，都高興的表示一定會盡全力。校長又叮囑他們，對待這些孩子要像平常一樣，不要讓孩子或孩子的家長知道他們是被特意挑選出來的，老師們都答應了。

一年之後，這三個班級的學生，成績果然排在整個學區的前面。這時，校長告訴這三位老師：「這些學生並不是刻意挑選出來的學生，只不過是隨機抽選出的一般學生。」三位老師沒想到事實是這樣，這時校長極力稱讚三位老師的教學水準，而三位老師也對自己的教學充滿信心。事實上，三位老師也不是被特意挑選出來的，也是和學生一樣隨機抽選出來的。

這個實驗的結論是：這三位老師都認為自己是最優秀的，帶領的學生又都是學校的菁英，因此對教學工作充滿了信心，自然非常盡心賣力，結果就真實的造就了一批菁英。

上述的實驗中我們發現，自我認識或自我暗示對於一個人來說是非常重要的。成功的起點，就是良好的自我認識，在你真正被別人接納之前，你必須先接納自己。

2、高調的人都擁有較為長遠的眼光，這是成功的要素

遠大的目標能喚醒一個人的熱情與潛能，而遠大目標的建立取決於是否具有長遠的眼光。

具有長遠眼光的人，就是從現在開始把想要達到的最終目的、景象做為檢驗行為的標準。你今天的所做所為，到明天都可以得到全面的驗證。

任何一件成功的事跡，都不是由空有滿腔抱負、理想的夢想者所創造，而是由

相信自我也令人相信的實踐者創造的；自我或他人相信的實踐著只有一種，就是高調具有長遠眼光的人。

3、高調的人都懂得時刻激勵自己，這是成功的契機

美國哈佛大學的心理學家威廉・詹姆士研究發現，一個沒有受到刺激的人，僅能發揮其能力的百分之二十，而當一個人受到刺激時，其能力可以發揮至百分之八十。這也就是說，同樣一個人，在通過充分刺激後所發揮的作用相當於刺激前的四倍。

4、高調的人有較強的人際關係管理能力，這是成功的條件

人際關係管理就是管理他人的情緒，可用人緣、領導能力與處事和諧表現。能與他人合作，利用他人的資源，自然無可限量。

一個有良好人際關係的人，在平常工作中自然會事半功倍。成大事的人都善於

借力、借勢去營造成功的氣氛，從而攻克了一件件難事。特別是當一個人想得到晉升時，人際關係的作用就更為重要。

總之，如果你想要成功的話，不妨勇於做一個高調的人吧！

高調是自信的表現

高調做人，是一種自信的表現。我們一直以來倡導著做人要低調，不能太張揚。其實做人高調，不一定就是狂妄自大，它能讓你有激情、有衝動、有不達目的不罷休的韌性。

做人低調，雖然顯現出一個人謙恭能容，但是同時也讓人有明哲保身之嫌。低調做人，就是總給自己留有餘地，瞻前顧後，為自己找理由；而高調做人，總是能給自己更大的動力，發揮自己的最大潛能，把事情做得最好，同時也不斷地提升自己的水準。

高調做人，是一種追求更高境界的表現。人總是要發展的，但發展有快有慢。高調做人，意味著不能在原地睡大覺，還要不斷的超越別人，同時還要邁開大步不斷地充實自我、超越自我。

高調做人，需要有勇氣和毅力。因為高調不是狂妄，不是在吹牛皮，是要為自己的目標堅持不懈的奮鬥。

為了生存以及對電影事業的熱衷，十六歲的蘇菲亞．羅蘭來到了羅馬，想從這裡踏入電影界。沒想到，第一次試鏡就失敗了，所有的攝影師都認為她的長相不夠漂亮，嘲笑她的鼻子和臀部不夠性感。導演卡洛．龐蒂把她叫到辦公室，建議她整形，把臀部雕塑小一點，把鼻子縮短一點。正常情況下，演員對導演言聽計從。

可是，小小年紀的羅蘭卻非常有勇氣和主見，拒絕了對方的要求。「我當然知道我的外型和已經成名的女演員不同，她們相貌出眾，五官端正，而我和她們不同。我的長相確實不是非常好看，如果我的臉上有一個腫塊，我會毫不猶豫把它除掉。但是，說我的鼻子太長，那是毫無道理的。我喜歡我的鼻子和臉本來的樣子。說實在的，我的臉確實與眾不同，但是我為什麼要長得跟別人一樣呢？我要保持我的本色，我什麼也不願改變。」

正是由於羅蘭的堅持，使導演卡洛・龐蒂重新審視，並真正認識了蘇菲亞・羅蘭，開始瞭解她欣賞她。

羅蘭沒有為了迎合別人而放棄自己，沒有因為別人而喪失信心，所以她才得以在電影中充分展示與眾不同的美。而且她的獨特外貌和熱情、開朗、奔放的氣質得到人們的認同，她也因此而榮獲了奧斯卡最佳女演員獎。

所以，要想擁有做人的高姿態，就要相信自己。自信是高調做事的秘訣：信心對於做事成功者具有重要意義，成功的慾望是創造和擁有財富的泉源。人一旦有了這種慾望，並經由自我暗示和潛意識的激發形成一種自信心，它能幫助我們釋放出無窮的熱情、智慧和精力，進而幫助我們獲得財富與事業上的巨大成就。

高調不是高傲

做人需要高調，但高調並不代表高傲。高調是建立在對於自我深刻認識的基礎上，而高傲則不是，高傲是一種喪失了自我認知能力的表現。

有一位高學歷的社會新鮮人，他是全公司最精明能幹，也是最被老闆看重的員工，而且他博覽群書，學識淵博，很快就成為同行眼中的明日之星。但是，他常常恃才自傲，動輒就與人發生紛爭，而且極愛炫耀自己，導致同事們對他極為反感，常認為他自以為是，過於固執，也常在業務上與他唱反調。有一次，他奉派前往分公司，剛報到就與分公司經理吵了起來，責怪經理派給他的工作太不重要，認為像自己這樣才華洋溢的人，只從事邊際工作得不到重用，於是對經理言詞咄咄逼人。結果可想而知，他被解雇了。

所謂自命不凡、目中無人的性格，就是凡事以自我為中心，總認為自己是群體之中最傑出的，瞧不起「我」之外的所有人。他們往往固執地堅信自己的經驗和意見，從不輕易改變態度。

而且往往將自己的意識強加到別人身上，以自己的態度做為別人態度的「嚮導」，認為別人都應該和他有一致的看法或意見，稍有意見相左就認為自己一定是正確而別人一定是錯誤。他們不願改變自己的態度，即使明知自己錯了也是如此。而且自尊心極為強烈，在別人眼中很小的事情，在他們看來卻是極礙面子、對自尊心傷害極重的事情。在不願傷及自尊心的情況下，便不擇手段地維護自己的自尊心，哪怕是對自己並無好處的小事。

目中無人的人，只關心自身的需要，在人際交往中表現的很自負。高興時海闊天空，不高興時則不分場合亂發脾氣，全然不考慮別人的感想。

格林童話中有這麼一個故事。

從前，有一位國王，膝下只有一個女兒，美麗非凡，卻因此而傲慢無理，目中無人；求婚的人雖然絡繹不絕，但她一個接著一個拒絕，而且還對來求婚的各國王子冷嘲熱諷。

有一回，國王舉行盛大宴會，邀請了各地所有希望與公主結婚的男子。先入席的是幾個國王，接著入席的是王子、公爵、伯爵和男爵，最後入席的是其餘所有應邀而來的男子。公主走過這個行列，對每一位都是橫挑鼻子豎挑眼，這位太胖，她就用輕蔑的口氣說：「好一個啤酒桶。」那個呢，又高又瘦，她就評頭論足地說：「活像一隻大蚊子。」下一個呢，太矮……「五短身材，笨手笨腳。」她又說道。第四個呢，臉色太蒼白……「一具死屍。」第五個，臉太紅潤……「一隻公火鷄。」第六個呢，身材不夠直挺……「像一塊放在爐子後面烤乾的彎木頭。」就這樣，她看誰都不順眼。

有一位鄰國國王，下巴長得有點翹，更是免不了遭到她的大肆嘲笑挖苦。「我的天哪！」她一邊放聲大笑，一邊高聲的說：「瞧這傢伙的下巴呀，長得和畫眉鳥的嘴一模一樣啊！」害這位國王從此就落了個「畫眉嘴」的綽號。公主對每個前來求婚的人都嗤之以鼻。

國王看到這種情形，大動肝火，串通了這位「畫眉嘴」，將公主嫁給了第一個上門來討飯的乞丐。

公主只好跟著那乞丐一起生活，受了很多苦；做家務、編竹筐、紡紗、賣陶器，但是她都不會做，後來好不容易找了一個幫廚女傭的工作，勉強可以餬口，再看到皇宮中舉行的盛大舞會，她哀傷地想起自己悲慘的命運，站在那裡泣不成聲。反省自己一向傲慢無理，目中無人，才落到今天這般貧窮淒慘的境地，她感到悔恨不已。

當然，這只是一個童話而已，那個叫花子就是「畫眉嘴」國王，他這樣做是為了幫助她克服她的傲慢無禮，懲罰她的嘲弄，最後她還是「從此以後過著幸福快樂的生活」。但從這個童話故事中我們可以領悟到，不管是什麼樣的人，只要傲慢無理，目中無人，別人都將會無法忍受，這樣的人最終會為自己的行為受到相當的懲罰。

現實生活中這樣的人也不少，志比天高，目空一切、目中無人、眼高手低、自以為是，對別人吹毛求疵、冷嘲熱諷，這樣的人是沒有人會願意跟他一起工作的。為什麼有的人會自以為是，目空一切，不肯接受忠告呢？原因很多。

但最主要的原因就是由於缺乏坦率的心胸，所以很容易自以為是，眼界短淺。希特勒就是最好的例子，他不肯接納他人的意見，認為自己的想法絕對正確，致使許多無辜的人喪失生命，又造成世界經濟大恐慌，而他自己也為此付出了慘痛的代價。而有坦率心胸的人，能夠從各種角度觀察事情，所以絕對不會受意識形態的拘束，反而能夠用各種優點融會應用在行動中，提升自己的生活品質。

俗話說：「滿招損，謙受益。」千年前古人留下來的遺訓，當然有它的意義。過於高傲，只能使我們狂妄無知，遭人譏笑，甚至讓我們付出慘痛的代價，遺恨終生。

真實的高調，是要贏得信任

真實高調做人，就是經營一個好的人格，建立一個好的信用。

「人格」是人一生最重要的財產，「信用」是人一生最具潛力的投資。糟蹋自己的信用無異於在拿自己的人格做典當。如果一個人憑著自己良好的信用，能讓他人在心裡認可你、信任你，那麼你就是擁有了成功者的資本。

人如果學會了獲得他人信任的方法，要比獲得千萬財富更足以自豪。但是，真正懂得獲得人信任的方法的人真是少之又少。大多數的人都在無意識中，自己設置了一些障礙在自己人生的道路上，譬如有的態度虛偽，有的缺乏機智，有的不善待人接物等，常常使一些有意深交的人感到失望、失去信任。所以任何人都應該善加培植自己的良好信譽，使任何人都願意與你深交，都願意竭盡心力來幫助你。

而「堅守信用」則是最大關鍵；一個人要想贏得信任，就必須要有很大的決心，花費大量的時間不斷努力才能做到。

如何能獲得別人的信任呢？

1、隨時隨地加強信用

很多人能取得成功靠的就是獲得他人的信任，你應該隨時隨地去加強你的信用。一個人要想加強自己的信用，一定要有堅強的決心，即使是微小的細節也不能隨意失信。

2、用實際行動證明

要獲得人們的信任，除了人格方面的基礎外，並非心裡想著就能實現，還需要實際的行動。

3、正確的做事習慣

要獲得他人的信任，除了要有正直誠實的品格外，還要有敏捷、正確的做事習慣。

4、持之以恆

任何事業要成功都需要持之以恆，同樣，要獲得別人的信任也是如此。良好的態度要一以貫之，千萬不要今天扮了一天笑臉，明天難以自制而故態復萌，顯出粗俗急躁的本性。一個志向高遠、決心堅定的人，做任何事情都會有始有終，而不會半途而廢，否則，絕難獲得人們的信任。

瓊斯原本只是報社的一名小職員，他就是靠信用樹立了自己的聲譽，結果成為報社的負責人。

在開始創業時，瓊斯先向一家銀行貸了三千美元。其實這筆錢他並不需要，之所以要貸款，就是要為自己樹立守信用的形象。他當時根本沒有動過這筆錢，還款期一到，便立即將這三千美元還給了銀行。幾次以後，瓊斯得到了這家銀行的信任，借給他的數目也漸漸大了起來。最後一次信用貸款的數額是二十萬美元，而這一次，瓊斯是真的需要這筆錢去拓展他的業務。

瓊斯說：「我計劃出版一份商業方面的報紙，但辦報需要一定的經濟基礎，我估算了一下，起碼需要二十五萬美元，而我手頭上總共才有五萬美元。於是，我去找每次貸給我款的那個行員。當我把我的計劃原原本本地告訴他以後，他願意貸給我。不過，他要我與銀行經理洽談一下。最後，這位經理同意如數貸款給我，還說：我雖然對瓊斯先生不熟悉，不過我注意到多年來瓊斯先生一直向我們貸款，並且每次都按時還清。因此，他很快就為我辦好了貸款手續。」

就這樣，瓊斯用這筆資金走上了成功之路。

在某些情況下，恪守信用會使自己吃虧，這時我們該怎麼辦呢？藤田是這方面的典範。

一九六八年，日本麥當勞會社社長藤田接受美國芝加哥油料公司訂製三百萬副刀叉的合約，交貨日期為同年的八月一日。

藤田組織了幾家工廠生產這批刀叉，但由於這些工廠一再誤工，預計七月二十七日才能完工。但從東京海運到美國芝加哥路途遙遠，八月一日肯定交不了貨；若用空運，由於運費昂貴，會損失一大筆利潤。

企業都是要追求利潤的。這時，藤田面對的一邊是損失的利潤，一邊是看不見摸不著的信用。思量再三，他毅然租用泛美航空公司的波音七〇七貨運飛機空運，花費了三十萬美元的空運費用，將貨物及時運抵芝加哥，交給了客戶。

這次藤田在經濟方面損失很大，但卻贏得了美國芝加哥油料公司的信任。在往後的幾年裡，美國芝加哥油料公司都向日本麥當勞會社訂製大量的餐具，藤田也因此得到了豐厚的回報。

有位哲人曾說過：「信用彷彿一條細線，不慎弄斷了，想要再接起來則難上加難。」所以，你在使用信用這筆人生存款的時候，千萬不要透支。當你的信用值為負數時，你可能就會變成一個沒有人敢相信的「窮光蛋」。

所以，真實的高調做人，是要贏得別人的信用！

多一點高調，機會就多一點

機會是稀少不可多得的、機會是一種條件苛刻的資源，想要得到它就必須付出相當的代價和成本，而且要具備相對應的條件與足以勝任的條件，這一切都離不開長期經營與準備。如果機會是可以被每個人輕而易舉的得到，那麼這種機會便顯得沒有多大價值了。同樣，當機會人人都知道的時候，也代表機會正在迅速消失。

那麼，怎樣才能讓自己的機會更多一些呢？讓我們先來看個例子吧。

在某大學的課堂上，教授問說：「世界第一高峰是哪座山？」如此小兒科的問題也搬到大學課堂，大家當然不屑一顧，僅用最低分貝附和說：「珠穆朗瑪峰。」誰知道教授緊接著追問：「那世界第二高峰呢？」這下，大家可都傻眼了。

有人爭辯說：「書上好像沒有介紹過！」教授不置一詞，再問：「那麼，第一個進入太空的人是誰？」

不料，此次沒有人敢回答，因為大家知道教授的下一個問題，難堪的是不知道第二個人是誰。

於是，教授又自鳴得意地提了幾組類似的問題。非常奇怪，第一個問題的答案幾乎沒有人不知道，而第二個問題的答案幾乎沒有人知道。

教授顯得很高興，似乎成功完成了一項艱巨的任務。大家卻莫名其妙，不知教授在玩什麼把戲。此時、教授轉過了身，黑板上飛快出現一行字：屈居第二與默默無聞毫無差別！

教授接著陳述了他的一項實驗結論。十二年前，教授曾要求他的學生毫無順序地進入一個寬敞的大禮堂，並獨自找座位坐下。反覆幾次後，教授發現有的學生總愛坐前排，有的學生則隨意四處坐，還有一些學生似乎特別鍾情後面的位子，教授分別記下他們的名字。

十年後，教授再對他們進行調查，結果顯示：喜歡坐前排的學生，成功的比例高出其他兩類學生很多。教授還講到他被很多大型公司視為「人才伯樂」的原因，就是應用了這個結論。教授受託為某公司招聘人才時，總會讓那些應徵者隨意的選位入座。教授淡然一笑說：「其實，那些應徵者知識實力相差無幾，我哪裡知道誰是千里馬，我不過知道誰喜歡坐前排罷了。」

俗話說：「機會是給有準備的人。」這是一句早為人們所熟悉的名言。回顧自己走過的歷程，我深切的體會到：一個人要想取得某方面成功，必須具備一定的條件，需要有良好的素質做為依託，也就是說，機會選擇素質。

的確，機會常常偏愛那些高調的，更樂於表現出自己能力和才華的人。每個人都想成功，有很多人不乏聰明才智，但最終卻未能取得成就，多數的原因就在於沒有把握和利用好機會。

戴斯特說：「人生成功的秘訣是當機會來臨時，就要立刻抓住它。」機會對任何人都是平等、公正的，就看誰抓得準、用得好。機會向來不是等待就有，而是主動尋找來的，甚至是創造出來的。真正的成功者就在於他們敢尋找和挑戰機會。給自己一些迎接挑戰的機會，你就會發現自己原來是有實力的。

失敗者的藉口通常是：「我沒有機會！」他們將失敗的理由歸咎為沒有機會的垂青，「沒有機會」，只是失敗者的藉口之詞。而那些意志力堅強的人則絕不會找這樣的藉口，他們不會被動地等待機會，而是靠自己的不懈努力去創造機會。他們深知唯有自己才能拯救自己。機會是靠我們自己創造出來的，也唯有不斷創造機會的人，才可能建立轟轟烈烈的豐功偉業。

法國細菌學家尼克爾說：「機會垂愛那些懂得怎樣追求它的人。」機會總是為那些懷有夢想和勇於付諸行動的人而出現。沒有耕耘，就沒有收穫，機會的發現、利用是以我們自身的努力為代價的。不管你等待多久，機會不會自動前來敲門，機會的得來是要靠我們艱辛的付出。

機會只有懂得珍惜它的人才知道它的價值，只有持之以恒地追求它的人，才能受到它的青睞。你付出的越多，你抓住的機會就越多，你成功的可能性也就越大。

相反，你付出的越少，你的機會就越少，成功的希望也就越渺茫。那些只會感嘆沒有機會，而不去主動的出擊的人，永遠也摘取不到成功的果實！所以，從現在開始，高調的去為自己創造機會吧。

機會面前，你要比別人更勇敢

機會往往是唯一的、偶然的，不可重複。機會來臨的時候，許多人總在徬徨猶豫，等到回過神來，機會已經溜走了。而機會對於成功者而言，就像蛋之於雞。沒有蛋就沒有雞，有了雞可以生出更多的蛋，如此循環下去，成功者變成更成功。成功者都是有智慧和善於運用智慧的人，從來不指望運氣的降臨。機會是個人的奮鬥與環境的條件契合所發生，機會不是命運，並非要靠「碰」才能得到。在機會面前，不要猶豫，只有勇敢的抓住它，捕捉機會、把握機會、善用機會，才能使你在自己的人生道路上一次次的取得成功。

機會不相信眼淚，它與懶惰無緣；機會稍縱即逝，目光敏銳、勇敢果決者常常能獲得它。機會對任何人都是平等的，能不能抓住它，主動權在每個人的手裡。

中國有句古話：「機不可失，時不再來。」機會在人生中比不上「榮譽」那麼的光鮮亮麗，比不上「刻苦」那麼的沉重，但它是人生中最重要的轉捩點。

拿破崙他原來只是一個小小的尉級炮兵，但他在革命軍前線指揮官面對土倫防守困難的時候，直接向指揮官薩利切蒂提出了新的作戰方案。在眾將軍苦無良策時，看見拿破崙的方案很有新意，就立即任命拿破崙為攻城炮兵副指揮，並拔擢為少校。拿破崙抓住這個機會，在前線精心謀劃，勇敢戰鬥，充分顯示出他的膽識和才智，最後攻克了土倫。他因此榮立戰功，被破格擢升為少將旅長。終於一戰成名，為他後來叱吒風雲，登上權力頂峰奠定了基礎。

「時機到來時，勇敢地抓住它。」這是拿破崙告訴我們的道理。

其實，把困難看得太清楚、分析得太透徹、考慮得太詳盡，反而會被困難嚇倒，猶豫不決。以前有一種說法，說讀書人有經濟知識的人，往往不能賺大錢，因為他們對問題分析能力相對優於平常人，不過在投資風險裡，卻往往被自己的「能見度」嚇倒，故而縮手縮腳，最終失去了大好機會。

所以，在機會面前千萬不要害怕，不要瞻前顧後，成功者不一定都是智慧超群，但一定是善於抓住機會，不斷的擴大、發展自己的事業。抓住機會，需要的是當機立斷；優柔寡斷的人之所以事業無成，是因為他們總是在猶豫之間錯失良機。強者就是表現時機未到，耐心等待，時機一到，立即勇敢地抓住它。一個人一輩子，總會碰到許多機會，只是或多或少的問題。總之，機會稍縱即逝，只有目光敏銳、勇敢果決者才能獲得。在機會到來時，請不要猶豫，勇敢地抓住它吧！

第二章　你在心態上需要高調

高調做人，首先要擁有一個高調的心態。如果你想要做自己的主人，要先具備做主人應該具備的一個心態：只要我在做，我就要做到全力以赴。

世界上沒有能與不能的問題，只有要與不要的問題。做任何事情，想要成功的話，永遠要有五個字，就是：「我要，我願意。」

卡耐基有一個很重要的理念是：你的生活是由你的心態造成的，你有什麼樣的心態就有什麼樣的生活，你有什麼樣的選擇就有什麼樣的結果。所謂高調的心態就是鞭策自己、戰勝自己的心理。

每個人都曾經在心裡大聲的說過我想成功，但是真正的去實行就很難了，因為會有很多的理由：出身不好，家境貧窮，父母沒有地位，想創業沒有經濟來源。試想一下，比爾·蓋茲天生就是首富嗎？話說回來，每個人都想成功，但是對自己沒有信心，認為自己不夠好，沒有別人聰明，沒有別人的家世背景，其實這些都是次要的，重要的是你有沒有決心想成功，譬如說讓我們去做一件我們駕輕就熟的事，那每個人都會勇敢的去做，如果是一件自己不熟悉的事情，大部分的人心理就會有失敗的想法，那我們為什麼不去適應呢？

當渴望成功、有了成功的慾望和意念的時候，才會去思考、去進步。當這種慾望和意念成為潛意識的時候，我們所有的思考和行為就會配合它，朝著自己的目標前進。

所以，我們在奮鬥的時候，一定要具備有高調的心態，成功者的自信，只要你奮鬥了，成功一定近在咫尺！

窮人最缺的是野心

外國人都說漢語不好學，但真正學會了，又說漢語內涵豐富多彩。在英文裡，同一個詞ambition，可作「野心」也可作「抱負」解釋。英文一詞可作多解釋，漢語可是分得極細的。讓我們順便學一下這個單字ambition，它的英文解釋是：an eager or strong desire to achieve something，such as fame or power（野心，企圖心：獲得如名譽或權力的強烈的慾望或渴望）。

「野心」在中國人的心目中是貶義的，我們歷來是非常反對「野心家」的；但在外國人的眼中，人是非常需要有野心的。一個外國的小女孩就因一句：「窮人最缺的是野心」，獲得了一百萬法郎的獎金。事情的經過大概是這樣的：

法國一位年輕人很窮很苦，後來，他以推銷裝飾肖像畫起家，在不到十年的時間裡，迅速躋身於法國五十大富人之列，成為一位年輕的媒體大亨。不幸，他因患上前列腺癌，一九九八年去世。他去世後，法國的一份報紙刊登了他的遺囑。在這份遺囑裡，他說：「我曾經是一位窮人，在以一個富人的身分跨入天堂的門檻之前，我把自己成為富人的秘訣留下，若有誰能回答：窮人最缺少的是什麼？就等於猜中我成為富人的秘訣，他將能得到我的祝賀。我留在銀行私人保險箱內的一百萬法郎，將作為此人睿智的揭開貧窮之謎的獎金，也是我在天堂給予他的歡呼與掌聲。」

遺囑刊出後，有近二千人寄來了自己的答案。這些答案五花八門，應有盡有。絕大部分的人認為，窮人最缺少的當然是金錢，有了金錢就不會再是窮人了。另外有一部分人認為，窮人之所以窮，最缺少的是機會，窮人之所以窮是因為時運不濟。又有一部分人認為，窮人最缺少的是技能，一無所長所以才窮，有一技之長就能迅速致富。還有的人說，窮人最缺少的是幫助和關愛等等。

在這位富翁逝世周年紀念日，他的律師和代理人在公證部門的監督下，打開了銀行內的私人保險箱，公開了他致富的秘訣，他認為：窮人最缺少的是成為富人的野心。

在所有答案中，有一位年僅九歲的小女孩猜對了。為什麼只有這位九歲的小女孩想到窮人最缺少的是野心？她在接受一百萬法郎的頒獎之日說：「每次，我姐姐把她十一歲的男朋友帶回家時，總是警告我說不要有野心！不要有野心！於是我想，也許野心可以讓人得到自己想得到的東西。」

謎底揭開之後，震動法國，一些新貴在談論此話題時，均毫不掩飾的承認：野心永遠是「治窮」的特效藥，是所有奇蹟的萌發點；窮人之所以窮，大部分都是因為他們有一種無可救藥的弱點，也就是缺乏致富的野心。

窮人真正缺的是野心，是少了成為富人的野心．為什麼如此說呢？因為，窮人之所以窮，就在於他們的思想還停留在現狀，只求一時的滿足，而不著眼將來，更沒有成為富人的野心；也許他們在睡夢中有做過富人般生活的美夢，但是那不是真實的，夢畢竟是夢，現實的情況還是沒有改觀。

總之，野心是支撐我們自身追求的一種精神力量，也是我們日益進步的動力源泉。對於任何一個想要成功的人來說，擁有野心是邁向成功的第一步。

「懷疑自己」是成功的敵人

暢銷書作家劉墉，他的第一本書《螢窗小語》寫完之後，沒有一家出版社願意出版，後來是他自己花錢印刷出版，沒想到卻大受歡迎，連當初拒絕他的出版社都跌破眼鏡。可見，即使被拒絕也無需懷疑自己的才華，而是要如何在挫折中面對自己？只有自己相信自己的才華，別人才可能相信你，自己若不放棄，別人又怎麼能放棄你呢？劉墉對自己今天的成就，他由衷地感謝那位退他稿件的出版商。

他說：「幸虧他的退稿，我才有今天。」不過劉墉本人也有另一個說法，他說：「當你站在這個山頭，覺得另一座山頭更高更美，而想攀爬上去的時候，你第一件要做的事，就是走下這個山頭。」

所以，今日的劉墉即使成功了，他仍然堅持他所堅持的，不會因別人眼光而改變，他認為一個人「眼光要放遠，腳步要放大」。

「不要懷疑自己的才華」，這是華裔女主播宗毓華的名言。她以一名華裔女孩子躋身進入美國電視圈，不但當上CBS主播，並受到大眾的肯定，而她憑的就是自信和才華。只有相信自己的人，才能在挫折的時候努力走出自己的路，不因別人而放棄自己；**沒有任何人可以放棄你，除非你先放棄了自己。**

有這樣一個故事，古希臘的一位哲學家在臨終前有一個遺憾，遺憾的是跟隨他多年的助手，在臨終前無法幫他尋找到一位最優秀的弟子。這位哲人在風燭殘年之際，知道自己時日不多了，就想考驗和點化一下他的那位平時看來很不錯的助手。他把助手叫到床前說：「我的蠟燭所剩不多了，得找另一根蠟燭接著點下去，你明白我的意思嗎？」「明白。」那位助手趕忙說：「您的思想光輝是必須傳承下去……」「可是？」哲人憂慮的說：「我需要一位最優秀的傳承者，他不但要有相當的智慧，還必須有充分的信心和非凡的勇氣……這樣的人選直到目前我還未見到，你幫我尋找和發掘一位好嗎？」「好的，好的。」助手很溫順很尊重地說：「我一定竭盡全力尋找，不會辜負您的栽培和信任。」哲人笑了笑，沒再說什麼。

那位忠誠而勤奮的助手，不辭辛勞地透過各種管道開始四處尋找。可是他帶來了一位又一位，都被哲人一一婉言謝絕了。某一次，當那位助手再一次無功而返的回到哲人病床前時，病入膏肓的哲人硬撐著坐起來，撫著那位助手的肩膀說：「真是辛苦你了，不過，你找來的那些人，其實還不如你。」「我一定會加倍努力。」助手言詞懇切地說：「找遍城鄉各地，找遍五湖四海，我也要把最優秀的人選發掘出來，舉薦給您。」哲人笑了笑，不再說話。

半年之後，哲人眼看就要告別人世，最優秀的人選還是沒有眉目。助手非常慚愧，淚流滿面地坐在病床邊，語氣沉重地說：「我真的對不起您，讓您失望了！」「失望的是我，對不起的卻是你自己。」哲人說到這裡，很失意地閉上了眼睛，停頓了許久，才又不無哀怨地說：「本來，最優秀的就是你自己，只是你不敢相信自己，才把自己忽略了、耽誤了、丟失了……其實，每個人都是最優秀的，差別就在於如何認識自己，如何發掘和重用自己……」話沒說完，一代哲人就永遠離開了他曾經深切關注著的這個世界。那位助手非常後悔，自責了整個後半生。

為了不重蹈那位助手的覆轍，每個嚮往成功、不甘沉淪者，都應該牢記有位哲人說過的這樣一句至理名言：「每個人都有大於自身的力量。不是因為有些事情難以做到我們才失去自信，而是因為我們失去了自信，那些事情才顯得難以做到。」我們每個人就是一座金礦，關鍵是如何發掘自己。

如何讓自己信心十足

1、缺乏自信時更應該做些充滿自信的舉動

缺乏自信時，與其對自己說沒有自信，不如告訴自己是很有自信的。為了克服消極、否定的態度，我們應該試著採取積極、肯定的態度。如果自認為不行，身邊的事也拋下不管，情況就會漸漸變得如自己所想的一樣。

中部有一個學生團體，舉辦一個各大學「最合乎現代美的女大學生」比賽。工

作人員到各大學校園內發放傳單，請學生們參加這個比賽。從預賽到複賽，舉辦一次又一次各種的比賽。

然而，大家變得越來越美，簡直讓人看不出來。工作人員說：「大概大家越來越有自信了吧！」這話完全正確。因為「我要參加這個比賽」的這種積極態度，使這些人顯得更美。

2、做自己能做的事

做自己做得到的事時，自身的優點便會顯現出來。重要的是，與其想建立自我的形象，不如找出現在可以做的事。試著記下馬上可以做的事，然後加以實踐，而不是偉大、不平凡的行動，只要是自己能力所及的事就足夠了。

有一位攝影師出席某個聚會，前往餐會的途中，這位攝影師說：「我戒酒了。」友人問他：「什麼時候開始戒的。」他回答：「剛才我決定戒掉的。」

大部分的人都想：待這次餐會過後，或者這次餐會是最後一次。永遠也是一小時一小時累積起來，因為抽掉一小時，也就沒有永遠了。試著製作兩張卡片，一張寫上「做吧」，另一張寫上「待會兒再做」。把這兩張卡片隨身帶著，當自己不太有自信時，抽出其中一張。這時應該抽出寫著「做吧」那張。我們可以在背面先寫上「要有自信」。當自己不知道要不要做時，務必抽出這張卡片。因為今天關係著第二天，今天可以動手做的事如果沒有動手做，明天再要動手做就會變得更加困難。

3、怯場時，不妨平靜下來

內觀法是研究心理學的主要方法之一，這是實驗心理學之祖威廉．華特所提出的觀點。此法就是很冷靜地觀察自己內心的情況，然後毫無隱瞞的道出觀察結果。如能運用這種方法，把經常都在變化的心理秘密，毫不隱瞞地用言語表達出來，那麼就沒有產生煩惱的機會了。

例如，初次到某一個陌生的地方，內心難免會疑慮萬分，這時候不妨將此不安的情緒，清楚地用語言表達出來：「我幾乎楞住了，我的心忐忑跳個不停，甚至兩眼發黑，舌尖凝固，喉嚨乾渴得不能說話。」這樣一來，不但可將內心的緊張驅除殆盡，而且也能使心情得到意外的平靜。

有一個位居全美國排行第五名的推銷員，當他初入這行工作時，有一次，他竟獨自會見美國的汽車大王。結果，他真是膽怯到兩腿發抖。在情不自禁之下，他只好老實地說出來：「很慚愧，我剛看見你時，我害怕得連話也說不出來。」結果，這樣反而驅除了恐懼感。

4、肯定的語氣則可以消除自卑感

有些女人面對著鏡子，當她看到自己的長相或膚色時，產生某種幸福的感覺。相反的，有些女人卻被自卑感所困擾。雖然彼此的膚色都很黑黝，但自信的女人會認為：「我的皮膚呈小麥色，這是多麼健康的膚色。」在她內心暗喜不已。可是，一個缺乏自信的女人卻因此痛苦不堪：「怎麼搞的，我的膚色這麼黑。」兩個人的心情完全不同。價值判斷的標準是非常主觀而又含糊的，只要認為漂亮，看起來就覺得很漂亮，如果認為討厭，看來看去都會覺得不順眼。尤其，關於自卑感的情況，也常常會受到語言的影響，所以說，否定意味的語言，對於一個人的心理健康有百害而無一利。

《物性論》一書的作者是古羅馬詩人盧克萊修，他奉勸天下人要多多稱讚膚色黑黝的女人說：「妳的膚色如同胡桃那樣迷人。」只要不斷如此讚美對方，那麼這位女人即使再三對鏡梳妝，或明知自己的皮膚黝黑，也會毫不在乎，她就會覺得自己不失為迷人的女性。

接著，盧克萊修奉勸我們不妨將「骨瘦如柴」改說為「可愛的羚羊」，把「喋喋不休」改說為「雄辯的才華」。不同的語言可將相同的事實完全改觀，而且也給人以不同的心理感受。

總之，運用肯定或否定的措詞，可將同一件事實，形容成有如天壤之別的結果。可見措詞這件事，是任何天才都無法比擬的魔術師。在任何情況之下，只要常用有價值的措詞或敘述法，可以將同一個事實完全改觀，驅除自卑感，而令人享受愉快的生活。

天生我材必有用

李白在《將進酒》一詩中寫道：「天生我材必有用」，要自我認識、自我設計、自我創造是重要的。「有用」且「必」，是何等自信！簡直像是人的價值宣言，價值的肯定。

「三十六行，行行出狀元！」一個人能夠真正認識自我的優點，那麼可以創造自我，走上成功之路，這是成功的關鍵。人要有這樣的自信，才能有獲得成功的可能性。

漫畫家朱德庸，他的作品如《雙響炮》、《澀女郎》、《醋溜族》等非常暢銷。但小時候的朱德庸，卻是一個連幼稚園也不願意招收他。

老師們認為朱德庸非常笨，剛開始他自己也是這麼認為。十幾歲以後才明白，自己不是笨而是有學習障礙。同時他也發現自己的特點：對圖形很敏感。

畫畫成了朱德庸生活中最大的快樂。他說：「外面的世界沒法待下去，唯一的辦法就是回到自己的世界，因為這個世界裡有我的快樂。」

朱德庸的父母為此也吃了很多苦頭，他們動不動就被老師請到學校去，聽老師訓話。儘管如此，父母依然很支持他畫畫。朱德庸的爸爸經常會裁好白紙，整整齊齊的裝訂起來，給他當作畫本。

關於天賦，朱德庸有非常精彩的見解：「我相信，人和動物是一樣的，每個人都有自己的天賦，比如老虎有鋒利的牙齒，兔子有高超的奔跑、彈跳力，所以牠們能在大自然中生存下來。人也是一樣，不過很多人在成長過程中把自己的天賦忘了，就像有的人被迫當了醫生，但他可能是怕血的，那他不會快樂。人們都希望成為老虎，而這其中有很多只能是兔子，久而久之，就成了四不像。我們為什麼放著很優秀的兔子不當，而一定要當很爛的老虎呢？社會就是很奇怪，本來兔子有兔子的本能，老虎有老虎的本能，但是社會強迫所有的人都去做老虎，結果出來一批爛老虎。我還好，天賦或者說本能，沒有被掐死。」

談到天賦，應該說每個人都有天賦。不過，有些人的天賦被埋沒了，被家長或習慣意識遮蓋了，便逐漸喪失了。發現自己的天賦要堅持發展它，最終天賦會綻放出奪目的光華。正所謂：條條大路通羅馬，成功之路有千萬條。相信自己，給予自我動力；創造自我，讓自我形象展現在別人面前。成功之要訣乃在於無數的失敗中吸取教訓進而教會我們要自信要自強，相信自己永不言敗。有信心、耐心、恆心，才能超越自我，改善自我，發揮自我的優點，彩色人生需要致力於色彩的調配，加倍努力會使人生的彩色更加鮮明、美麗。

成功的道路雖然充滿艱難險阻，但是「天生我材必有用」是正確的，我們絕不能灰心，失敗不能動搖自我的決心。雖然沒有人能完美地把握住，但畢竟有人成功了。要握好「天生我材必有用」這張通往成功的車票，才能搭乘往通向成功的列車！努力吧，成功的大門永遠為我們敞開著，我們絕不能放棄，我們要相信自己，只有自己才是最好的。

關於自信的方法

1、挑前面的位子坐

你是否注意到，無論在教學或座談的各種聚會中，後排的座位總是先被坐滿，大部分佔據後排座的人都希望自己不會太顯眼；他們怕受人注目的原因就是本身缺乏信心。

坐在前面能建立信心。把它當作一個規則試試看，從現在開始就儘量往前坐。當然，坐前面會比較顯眼，但要記住，有關成功的一切都是顯眼的。

2、正視別人

一個人的眼神可以透露出許多有關於自己的資訊。某人不正視你的時候，你會直覺地問自己：「他想要隱藏什麼呢？他在怕什麼呢？他會對我不利嗎？」

不正視別人通常意味著：在你旁邊我感到很自卑；我感到不如你；我怕你。躲避別人的眼神意味著：我有罪惡感；我做了或想到什麼？我不希望你知道的事；我怕一接觸你的眼神，你就會看穿我，這都是一些不好的資訊。正視別人等於告訴你：我很誠實而且光明正大，我告訴你的話是真的，毫不心虛。

3、把你走路的速度加快

當大衛．史華茲還是少年時，到鎮中心去是很大的樂趣。在辦完所有的差事坐進汽車後，母親常常會說：「大衛，我們坐一會兒，看看路過的行人。」

母親是一位絕妙的觀察行家。她會說：「看那個人，你認為他正受到什麼困擾呢？」或者「你認為那邊的女士要去做什麼呢？」或者「看看那個人，他似乎有點迷惘。」

觀察人們走路實在是一種樂趣，這比看電影更有啟發性。許多心理學家將懶散的姿勢、緩慢的步伐，跟對自己、對工作以及對別人不愉快的感受聯繫在一起。

但是心理學家也告訴我們，藉著改變姿勢與速度，可以改變心理狀態。你若仔細觀察就會發現，身體的動作是心靈活動的結果。那些遭受打擊、被排斥的人，走路都是緩慢的，完全沒有自信心。

一般人有一般人走路的樣子，大部分展現出「我不怎麼以自己為榮」的表白。另一種人則表現出超凡的信心，走起路來比一般人快，像小跑步一般。他們的步伐告訴整個世界：我要到一個重要的地方，去做很重要的事情，更重要的是，我會在到達目的地後，馬上獲得成功。使用這種「快走」的方法抬頭挺胸，你就會感到自信心在滋長。

4、當眾發言

拿破崙．希爾指出，有很多思路敏銳、天資高的人，無法發揮他們的長處去參與去討論。不是他們不想參與，而只是因為他們缺少信心。

在會議中沉默寡言的人都認為：「我的意見可能沒有什麼價值，如果說出來，別人可能會覺得很無知，我最好什麼也不說。

而且，其他人可能都比我懂得多，我並不想讓你們知道我是這麼的無知。」這些人常常會對自己許下很渺茫的諾言：「等下一次再發言。」可是他們很清楚自己是無法實現這個諾言的。

每次這些沉默寡言的人不發言時，就像又中了一次缺少信心的毒素，他會越來越喪失自信。從積極的角度來看，如果儘量發言，就會增加信心，下次也更容易發言。所以，要多發言，這是信心的「維他命」。

不論是參加什麼性質的會議，每次都要主動發言，也許是評論，也許是建議或者提出問題，都不要有例外。而且不要最後才發言，要成為破冰船，第一個打破沉默，也不要擔心你會顯得很無知，因為總會有人同意你的見解。

求人不如求己

與其靠別人的施捨，不如靠自己去獲得，只有自己才真正是靠得住。

宋孝宗駕臨杭州天竺，到靈隱寺，有一位叫輝的和尚相隨侍奉。孝宗見到飛來峰，問輝說：「既是飛來的，怎麼不飛走呢？」輝回答說：「一動不如一靜。」又見到觀音菩薩像，手裡拿著念珠，孝宗問：「觀音菩薩手裡拿著念珠幹什麼？」輝回答說：「要念觀音菩薩。」孝宗又問：「念誦自己幹什麼？」輝回答說：「求人不如求己。」

輝的這一妙答「求人不如求己」，頗具智慧，且隱含理性。連觀世音菩薩尚且要「求己」，何況是我們芸芸眾生。這就是人們應該學習感悟的關鍵，人生在世，當先自立方能自強。他人只能幫助你一時，不能幫助你一世。但最終成就你的，只有你自己。

有一種植物叫蔦，它的身體又細又柔軟，自己無法長高，只能沿著其他高大的植物往上爬。慢慢的，蔦的枝葉茂盛起來，還結了不少紅黑的果實。一個過路人見了蔦，摘了一個果實吃。

「真甜啊！長得也漂亮！。」蔦聽了十分得意。

後來，一個木匠上山砍樹。他看了看被蔦纏繞的那棵大樹說：「這棵樹做屋樑正好！」木匠拿出斧頭，砍起樹來。

「他會連我一起砍斷！」蔦很害怕，它想離開大樹，可是它平時纏得太緊了，現在想離開是做不到。最後大樹倒下了，蔦也跟著斷了。有人感嘆說：「如果蔦能夠自己生長，就不會遭到刀劈斧砍的橫禍了。」

人們在生活中常常會遇到一些不幸的遭遇，要接觸各式各樣的機緣，要經歷種種的坎坷與風雨，這些都是每個人的一生所必不可少的風景。如果一個人天生就生活在一個優渥而又無憂無慮的家庭，他的未來早已被他的家人安排、設計好了，而且家人還為他的人生鋪好了一條陽光般的道路，讓他能夠順順利利的走。可以說他的人生根本不需要自己操心，不需要自己去闖蕩，更不需要他來承擔生活的重擔。但這樣一個所謂「含著金湯匙」出生的人，他能體會到人生的滋味嗎？他能找到人世間真正的幸福嗎？人生真正的幸福，莫過於用自己的力量取得成功所換來的喜悅。

人生的禍福讓人難以預料，假若有一天，他將獨自面對這個社會，面對自己的人生，他恐怕無法承載生活給予他的沉重壓力。

不要幻想生活總是那麼圓滿，也不要幻想在生活四季中享受所有的春天，每個人的一生都注定要經歷跋涉，品嘗苦澀與無奈，經歷挫折與失意。

凡是靠自己，能夠在人生道路上堅強的勇往前進，才會擁有更多的自由和快樂；依靠別人生活的人，一旦失去依靠，命運就會像蔦一樣不幸。

給自己一個自信的理由

有一個大學畢業已經工作兩三年的年輕人，他在參加了一次勵志演說之後，頗受啟發和鼓舞，心情為之振奮。他在課堂上的當眾講話練習中說：「所有的成功者，儘管他們的出身、學歷、際遇、職業和個性等等各不相同，但有一點是共同的，那就是自信主動。自信，是成功的第一要訣。今後，我一定要有自信！」大家對他的發言報以熱烈的掌聲。

可是，過了沒多久，他的情緒又變得低落了。他不明白為什麼自己上課的時候信心十足，可是一回到公司就變得不自信了。原來，他所在的公司，所有的職員都比他學歷高，不是博士就是碩士，只有他一個人是大學畢業。所以，不論他在家事先想得有多麼好，只要一上班就「前功盡棄」，只感到自卑而無法自信。

自信的道理不難領會，但要真正擁有自信意識，就不那麼簡單了。

自信還是自卑，是和別人比較出來的嗎？是由學歷、職務和業績的高低所決定的嗎？在公司他的學歷最低，他無法樹立起自信心。那麼，他若成為碩士、博士就能擁有自信了嗎？顯然，一個人要真正擁有自信，首先要突破這種狹隘比較的心理障礙。

但是，一個人憑什麼自信呢？

有人說，自信源於成功的暗示，也就是說，某項重任或創新一旦成功了，這個人就會有自信。此話雖不無道理，卻仍未道出自信的根本依據。一個人在做某件事，尤其是在擔當重任或大膽創新的時候，就需要自信，也應當自信，而不是只有在成功之後才有自信。

如果你覺得自己不夠聰明、能幹，往往是因為你將自己和別人比較的緣故，或者是把現實中的自己和理想中的模式相比較的結果。人們常常是看到別人怎麼美好和幸運，總希望那些美好和幸運能被自己所擁有，卻很少想到完全可以透過努力來改變自己，使自己變得更加聰明、能幹，再塑造一個全新的自我。

在古希臘戴爾菲城那座神廟裡唯一的碑銘鐫刻了這句：「認識自我」，猶如一把千年不熄的火炬，表達了人類與生俱來的內在要求和至高無上的思考。尼采曾說：「聰明的人只要能認識自己，便什麼也不會失去。」如今，隨著社會的不斷發展，人們對於自我的認識，也進入了一個新的階段。事實上，每個人都有巨大的潛能，每個人都有自己獨特的個性和長處，每個人都可以選擇自己的目標，努力去爭取屬於自己的成功。

認識自我，是我們每個人自信的基礎與依據，即使你處境不利，你仍可以堅信，我能成功。自己的生活經歷中，在自己所處的社會境遇中，能否真正認識自我、肯定自我，如何塑造自我形象，如何把握自我發展，如何抉擇積極或消極的自我意識，將決定著一個人的前程與命運。

換句話說，你可能渺小而平庸，也可能美好而傑出，這取決於你的自我意識究竟如何，取決於你是否能夠擁有真正的自信。請記住，認識自我，你就是一座金礦，擁有自信、自主、自愛，你就一定能夠在自己的人生中展現應有的風采。

跨越「自我設限」的藩籬

人生是一個過程，會遇到許多的事情，考驗著你的毅力與耐心。我們在生活中會有意無意的給自己的工作設置一個界限，如果一旦不能突破，就會退縮到安全的界限內，還會安慰自己，並告訴自己：算了吧，自己的能力只有這樣，能這樣已經很不錯了。殊不知這麼簡單的一句話，就是你成功與失敗的分界線。

有這麼一個故事，講的是一位推銷員，年營業額從四萬美元一下子爬升到十幾萬美元，很多人羨慕之餘紛紛向他請教。

他笑著回答說，不少人準備做一件偉大的事情，打破某個記錄或做出一項驚天動地的創舉。剛開始的時候，他們的夢想與野心十分遠大，但是在過程之中，不是時時刻刻都能隨心所欲，一定會有遇到瓶頸的可能，這是難免的。一旦遇到瓶頸，心情難免沮喪、低落，親友或同事們消極的批評，更容易使自己受到影響，於是，開始認為自己的目標超過了自己的能力。最後認為自己能力不足，為自己的失敗找藉口，想成功自然是不可能的，所接受的只有失敗的結局。但是，這位成功的推銷員，非但沒有受到消極的影響，反而為自己擺脫失敗的陰影而尋找對策。於是，他給自己設定一個目標，每當遇上瓶頸時，就激勵自己：我一定要打破紀錄，成為世界上最優秀的推銷員。

他要求自己每天都要賣出三百五十美元的商品，這種決心使得他的生意在一年之內增加了三倍。不僅如此，他還應用了這些「目標達成」的原理，一舉成為美國著名的演說家和銷售訓練員之一。

其實，困難在我們的人生道路上是無時不在的，如果只是你一味逃避的話，那你將永遠無法前進。我們許多的人都有這樣的思想，一旦碰到了困難，總是輕易地放過自己，用各種理由來原諒自己，將自己放的遠遠的，唯恐自己受到什麼傷害，影響了自己的人生。為了還給自己一點信心，還美其名曰：退一步，海闊天空，來圓滑的原諒自己。久而久之，人生的路口只能是越來越少，希望也越來越渺茫，到最終甚至看不到出口。

人生不能沒有目標，沒有目標的人生是盲目的人生，是沒有激情的人生。你可以為自己的人生設定一個目標，有計劃地為自己的能力加碼，不要為自己的逃避找藉口，為自己開脫。堅信自己的既定目標，相信自己，只要自己努力，固守自己的目標，用心去開拓、去經營，不要給自己的人生設限，這樣你的人生將會風采無限！

不要給自己設限，你的人生就沒有限制。我們做事情時，常是被我們自己打倒的，我們認為自己不能，所以我們辦不到。人之所以能，是因為相信能。我們看到別人開豪華車，住高級住宅，羨慕不已。

對別人說，你看人家多麼有錢，多麼闊氣。其實，你也可以的，只要你努力。這個世界上沒有誰是僥倖成功的，都是經過刻苦努力的，沒有人能隨隨便便成功。沒有偶然，只有必然；沒有付出，怎有回報。財富是一個積累的過程，不是突然出現的結果，只要我們堅持，總有一天你會富有。

信心能創造奇蹟

自信會使你創造奇蹟，古往今來，每一個偉大的人物在事業的旅途中，無不是以堅強的自信為前導。拿破崙就曾宣稱：「在我的字典裡，沒有不可能這個字。」這是何等豪邁的自信。正是因為他的這種自信，激起了無比的智慧和巨大的潛能，使他成為橫掃歐洲的一代梟雄。

只有信得過自己的人，別人才會放心地將責任託付給他。缺乏膽量、對任何事情沒有主見、處理事情遲疑不決，不敢自己做自己的主人，怎麼能挑起重擔，獨當一面去獲得成功呢？

自信是一種感覺，擁有這種感覺，人們才能懷著堅定的信心和希望，開始偉大而光榮的事業。從容自信能孕育信心，你能透過充滿信心的活動使別人對你和你的意見產生信心。

生活中的許多問題、困難，實際上是源於信心不足，一旦獲得了信心，許多問題都將迎刃而解。任何一個人都可能存在著不足，但是如果在不足面前讓自己成為抱怨者，那麼一生只能與失敗為伍了，但是如果我們用自信的心與實際的行動去加高自己，那麼即使不足也能促使我們成就一段不悔的人生！

自信是發掘潛力的最佳法寶，如果你能堅定的相信自己，那麼就能勇於奮力追求，實現自身價值，才會激發自己的潛能。

宋代末年，李衛帶兵赴疆場，不料自己的軍隊勢單力薄，寡不敵眾，被圍困於山頂。就在士氣大減，甚至有人要繳械投降之際，李衛對大家說：「兄弟們，我們的實力是不如人家，可是我們一直相信天意，老天讓我們贏，我們就一定能贏。我這裡有九枚銅錢，向天祈禱保佑我們殺出重圍，我把這九枚銅錢撒在地上，如果都是正面，一定是老天保佑我們，不然的話，就是老天告訴我們出不去。」士兵們閉上眼睛跪在地上，燒香祈禱老天保佑，這時，李衛搖晃著銅錢，一把撒向空中，落在地上，開始士兵都不敢看，但突然一聲尖叫：「快看，全是正面！」大家一看果然全是正面，士兵們跳了起來，把李衛高高舉起喊道：「我們一定會殺出重圍！老天保佑我們！」

李衛拾起銅錢說：「既然有老天的保佑，還等什麼，我們一定能殺出去！」就這樣，一小隊人馬竟然奇蹟般戰勝了強大的敵人，突出了重圍。

將士們說：「如果沒有老天的保佑，我們就沒辦法出來了！」這時，李衛拿出那九枚銅錢，大家才發現這些銅錢兩面都是正面。

信心能創造奇蹟。

因此，即使身陷絕境，也要努力抗爭。對於生命垂危的病人來說，那些滿懷希望的患者，比失去信心的患者更容易康復，心情也會更愉快。

經驗告訴我們：面對困難和障礙的時候，千萬不要失去希望和信心。因為失去希望和信心，就會放棄努力，而放棄努力，就不可能找到戰勝困難的辦法。唯有滿懷信心、努力爭取的人，才能做得更好，攀上成功的巔峰。

逆境中更需要有信心

人生路上難免有甜苦和喜憂，關鍵是在跌倒的時候要勇敢的站起來。不屈的生命是要學會自己拯救自己，只有學會自己拯救自已，才能在逆境中勇敢的前進。

拿破崙出身於窮困的法國科西嘉沒落貴族家庭，父親為了兒子能有所作為，把他送進了一所貴族學校。

拿破崙的同學大多是有錢有勢的貴族子弟，他們大肆嘲諷他的窮困。拿破崙內心非常憤怒，暗自發誓一定要出人頭地，證明自己是最優秀的！

拿破崙發奮學習，不理會周圍的白眼，就這樣忍受了五年的痛苦。這五年之中，每一種嘲笑、每一種侮辱、每一種輕視的態度，都使他增加了決心，堅定了鬥志。在十六歲那年，拿破崙以全校第一名的成績畢業於貴族學校。

隨後，拿破崙接受軍事徵召來到部隊。到部隊以後，他發現周圍的同伴不務正業，卻以追逐女人和賭博為樂。由於自己經濟依然困難，再加上不善於拍馬屁，拿破崙不久即遭到同事排擠。

拿破崙不再理會他們無聊的遊戲，埋頭於圖書館中，決心要讓天底下所有的人都知道自己的才華。他大量閱讀哲學、軍事、名人傳記等著作。在部隊中，他孤寂、沉悶、憤怒，但是他頑強地堅持了下來，勾畫著自己美好的未來。

在圖書館的這段歲月裡，拿破崙摘抄的筆記就累積了一尺多厚。他把自己想像成一個總司令，把科西嘉島的地圖畫出來，清楚的指出哪些地方應當要佈置防範，而且計算得非常精確。

翻開歷史，我們發現在各行各業成功的人，他們大多是在苦難的驅策下而奮發向前的，在想要改變自己命運的願望導引下而不斷向上的。當你躊躇不前時，當你鬱鬱不得志時，漸漸的多了些抱怨，多了些指責，少了些平和，少了些自信。當你身處逆境，有些人善意的告誡你繼續努力，有些人會告訴要學會放下，或許在眾多善意的、偽善的、有心的、無心的提示下，命運似乎在發生著微妙的變化，你不曾知也不得知。在一個叉路口前，我們選擇又放棄著，患得又患失著。

在生命的旅程中，一定要學會自己拯救自己，才能在逆境中勇敢前行。能夠改變自己、感動自己、征服自己的人，便有力量戰勝一切挫折、痛苦和不幸。只要你點亮心中的明燈，樹立堅定的信念，堅持對理想的不懈追求，就能夠振奮精神，發掘自身無限的潛能；就能夠擺脫平庸的人生，步入菁英的行列；就能夠發現成功的奧秘，構建起輝煌的人生，創造卓越不凡的人生。如果我們一味的抱怨社會不公、世道不平，那麼我們就會走向自我毀滅之路。機會對於每一個人來說都是平等的，只要你抱持著正確的心態，充分認識自己，不斷發掘自身潛能，充滿強烈的進取心，那麼成功一定是屬於你的。

讓信念揚起你成功的風帆

信念是撐起人生的支柱，在人生的旅途中，不可能總是一帆風順。有的人身體可能先天不足或後天病殘，但他卻能成為強者，創造出常人難以創造出來的奇蹟，這就是信念。對一個有志者來說，信念是立身的法寶和希望的泉源。

司馬遷寫給好友任安的《報任安書》中曾透露他堅定的信念，忍氣吞聲以作《史記》的心聲。司馬遷曾因上書為李淩說話而被關入大牢。他在信中談到，自己在牢獄裡面受盡酷刑折磨和凌辱，最後慘遭宮刑，這是令人極為羞恥屈辱的事，出獄後雖仍任中書令，但仍被人們輕視。他說自己當時家中貧困，沒有錢救贖自己；朋友也不出手相助，連左右親近的人都不和他說話，人不是沒有知覺，沒有感情之物，現在卻只能與獄吏為伍，被囚禁在偏遠孤寂的牢獄之中，他用「腸一日而九回」來形容自己當時所受的痛苦煎熬。

環境險惡，似乎天下之大，卻無他容身之所，但司馬遷沒有因此而消磨自己的意志，心中仍一如既往地堅守著自己的信念。他說，文王被拘而作《周易》，孔子困厄而作《春秋》，屈原被放逐而作《離騷》，左丘明失明而作《國語》，孫子腳殘而作《兵法》，呂不韋遷蜀而作《呂覽》，韓非子被囚而作《說難》、《孤憤》。他以這些歷史上忍辱負重而成就大事業的實力來勉勵自己，他認為現在《史記》還沒有完成，自己的信念、願望還沒有實現，即使如此羞辱也不後悔。

司馬遷最終因為完成「究天人之際，通古今之變，成一家之言」的偉大著作——《史記》而流芳千古，成為人人景仰的史學家，後人尊稱為「太史公」。

信念就是一個人所追求的目標，而目標是任何行動的前提。沒有目標的人，就像是浮萍飄浮在水面，很難把內部的力量和智慧集中到某一點上，因此就不能創造輝煌的人生。信念就是一種責任，一種能使自己的價值發揮到極致的使命感。擁有使命感的人，會感到自己的奮鬥充滿了意義，從而超脫了個人的渺小，用通俗的話講，就是覺得自己活得很重要。

我們應該擁有堅定的信念，我們應該相信自己總有一天會成功，因為我們每天都為了目標的實現而奮鬥，堅定的信念可以幫助我們克服重重困難，跨越種種障礙，堅定的信念可以促使我們積極努力的行動。

玄奘大師去印度取經，他不畏艱險，不怕勞苦，萬里迢迢奔赴異國，只為取回真經，普渡眾生，期間的困難數不勝數。是什麼使他這麼堅忍不拔，持之以恆？是信念，是志在普渡眾生，弘揚佛法的信念，使他最終到達印度，如願以償取得真經，靠著堅強的信念回到長安，是信念成就了他徒步萬里的壯舉！

哈佛大學的心理學教授威廉・詹姆斯曾說：「幾乎不論任何課程，只要你對它滿懷熱情，你必定會為它廢寢忘食。倘若你對某項結果十分關心，你自然會獲得成功，如果你想學好，你就會學好，如果你想去學習，你自然就會去學習。」

你是否曾感到有些迷惑呢？你在這些迷惑中徘徊、漂泊，你對這些迷惑擔心、害怕。當你對迷惑不知所措時，揚起你信念的風帆，它會帶著你的心，憑著自己的感覺走下去。它是空中的指路明星，指引著你走向正確的方向。

成功需要一種堅定的信念，有了這種信念才不會因失敗而放棄，因挫折而退縮，因困難而逃避。樹立了信念，便是向成功邁進了一大步。剩下的就是需要為了這個信念不斷努力，這樣才能登上成功之巔去看遠處風光。

雙耳失聰的著名鋼琴家貝多芬不是最好的例子嗎？他沒有沉浸在失去聽力的悲傷之中，他口咬鐵棒感受聲音的振動。他在要把自己的音樂帶給世人這一信念的驅使下，創作受世人讚嘆的交響曲《命運》等樂曲。貝多芬在悲傷面前理智的揚起了信念的風帆，因而他登上了成功的山巔，看到了無限風光！

信念是一種不可思議的力量。信念的力量不僅僅獲得成功，也表現於創造了奇蹟。擁有信念，真是一件美好的事，因為它能幫助我們活出自己、實現自己！

信念就是人生的法則

許多人相信運氣，運氣在自己身上始終處於主導地位，做任何事的時候都要問一問運氣，這樣的人是無法戰勝自己的。他們不信任自己，把一切的成功的因素都放在外部環境中，他們無法擺脫自己給自己設置的包袱。

人類是自己思想的產物，所以我們應有高標準，提高自信心，並且執著地相信必能成功，高標準會使你朝高處去。

人人都希望成功，最實用的成功經驗，那就是堅定不移的信心，可是真相信自己的人並不多，結果真正做到的人也不多。其實，如果真的要在做事的過程中加上運氣的成分的話，在運氣這個詞的前面應該再加上一個詞，那就是勇氣。相信運氣可支配個人命運的人，總是在等待著奇蹟的出現。這種人只要他上床稍微一躺下，就會夢見中了大獎或者挖到金礦般能突然致富的夢；而那些不這樣想的人，就會為自己的未來不斷努力。

依賴運氣的人們常常滿腹牢騷，一味地期待著機會的到來。至於獲得成功的人，他覺得唯有信念方能左右命運，因此他只相信自己的信念。

在別人看來不可能的事，如果當事人能從潛意識去認為可能，事情就會按照信念的方向，而激發出極大的力量。這時，即使表面看來不可能的事，也能夠做到。

關於信心並沒有什麼神奇或神秘可言。信心起作用的過程其實很簡單：相信「我能做到」的態度。產生了能力、技巧與力量這些必備條件，每當你相信「我能做到」時，自然就會想出「如何去做」的方法。大部分的人可能都認為自己不是個成功的人，而且也認為成功對自己來說是不可能實現的，說不定早已心灰喪志了。的確，成功的人不多，所以你或許是個不幸的人。但最起碼的事實卻是，其實任何人都有成功的機會，只是不想去獲得它而已，因為你早已經放棄想要成功，所以機會就棄你而去。

如果你想成功的話，首先必須希望成功，相信會成功。與許多在各職場中失敗過的人談話後，你能瞭解無數失敗的理由和藉口。比如他們會無意中說：「老實說，我原來就不認為它會行得通。」或「我在開始前就感到不安了。」等等。他們大多都採取「我姑且試試看，但我想不會有什麼結果」的態度，結果最後導致了失敗。「不相信」是消極的力量。當你不以為然或懷疑時，就會想出各種理由來支持你的不相信。懷疑、不相信是潛意識要失敗的傾向，根本來說就是不是很想成功。人類是自己思想的產物，所以我們應當有高標準，樹立堅定的信念，提高自信心，並且執著、認真地相信必能成功！

第三章　高調做人，需要一個高調的目標

人生之所以會茫然，歸根究底就是沒有遠大的志向和奮鬥的明確目標。沒有人生的目標，只會停留在原地；沒有遠大的志向，只會變得慵懶，只能聽天由命，嘆息茫然。不想讓機會就這樣溜走，不叫青春就這樣逝去，只有靠志向和理想衝出迷茫的漩渦，嶄新的人生將會為你從這裡開始。

一個沒有目標的人就像一艘沒有舵的船，永遠漂泊不定，只會到達失望、失敗和喪氣的港口。成功者總是有目標，鮮花和榮譽從來不會降臨到那些像無頭蒼蠅一樣四處碰壁的人。

有理想、有追求、有上進心的人，都有明確的奮鬥目標，知道自己活著是為了什麼。他的所有的努力，都能圍繞著一個比較長遠的目標進行，他知道自己怎樣做是正確的、有用的。

有了明確的奮鬥目標，也就產生了前進的動力。目標不僅是奮鬥的方向，更是一種對自己的鞭策。有了目標就有了熱情，有了積極性，有了使命感和成就感。有明確目標的人，會感到自己很踏實，生活得很充實，注意力也會神奇的集中起來，不會被繁雜的事所干擾，做什麼事都顯得成竹在胸。

讓我們立下自己的志向，築起成功人生的大樓吧！有志者，事竟成！

人生沒有目標，就沒有動力

高爾基說：「一個人追求的目標越高，他就發展得越快，對社會也就越有益處。」

目標是方向，方向明確就知道自己該做什麼，不該做什麼，知道自己的時間和精力該用在什麼地方，不該浪費在什麼地方，規避許多無謂的忙碌。

目標是力量，明確的目標讓人充滿生機和活力，閒人之所以無聊，是因為人生沒有目標，生活沒有動力。人活著，心死了，遊魂無所寄託，終日不知所為也。

喬治·巴頓還只是個七歲的孩子時，就有明確的目標，他每天早晨都會以立正姿勢向父親行軍禮。

當巴頓十幾歲的時候，繼續盡自己最大的努力來實現自己的目標。如饑似渴的閱讀歷史上偉大軍人的故事，他研究波斯、希臘和羅馬的將軍，戰場的佈局和中世紀的戰爭。他的報告作業中也充滿了名譽、光榮和英雄主義的主題。

憑著自我的負責精神，巴頓在早年就知道生活中的獎狀是要靠持之以恆的努力取得的，他完全是憑著刻苦努力從西點軍校畢業。同樣的，在他成名的過程中，達到了軍隊中可提升的最高位置。

每個知道喬治．巴頓或是讀過有關他傳記的人，都會對他個人評價不同。但是，都會贊同最重要的一點，那就是他是一個有意志的人。他會身體力行，實現自己所說的目標。

在ＮＢＡ打球的前大陸球員姚明在談到前進的動力時，坦言一個又一個目標就是激勵自己前進的動力。他說：生活中有很多目標讓你總想去超越，有一個目標是很幸福的。開始打ＣＢＡ有很多球星讓我想去超越，後來在奧運會又見識到更多，然後又打ＮＢＡ，讓我深切的感受到天外有天，人外有人。這些都是我的目標，這讓我有無窮的動力去追趕和超越。

所以，目標是一切行動的動力，更是決定成功的重要關鍵。實踐目標時只要記住：目標就在你的前方，一定能突破萬難，美夢成真！

要有更高的期望

年輕人期待學業完成，政治人物期待升官，商人期待發跡。人要生活在期望裡，才會感到人生有意義；如果到了完全沒有期望的時候，所謂：「哀莫大於心死」，一切就都沒有希望了。

德摩斯逖尼的父親是富有的雅典公民，在他七歲時就去世了。監護人侵吞了他的財產，到他成年時留給他的還不及他應得的十二分之一。為了索回遺產，德摩斯逖尼立志成為一個演說家，於是他向雅典著名的演說家、擅長撰寫遺產訴訟的伊塞學習演說。與監護人的財產糾紛延續了五年，在此期間，他發表了五篇演說詞。

勝訴後的德摩斯逖尼成了著名律師，開始為人撰寫法庭辯護詞，但他更希望成為一位政治家。三十歲時他開始政治生涯，直到去世，他一直是雅典政壇的活躍人物。

在雄辯術高度發達的雅典，無論是法庭裡、廣場中，還是公民大會上，經常有經驗豐富的演說家的論辯，聽眾的要求很高，演說者的每一個不適當的用詞，每一個難看的手勢和動作，都會引來譏諷和嘲笑。

德摩斯逖尼天生口吃，聲音微弱，還有聳肩的習慣。在常人看來，他似乎沒有一點當演說家的天賦，因為在當時的雅典，一名出色的演說家必須聲音洪亮，發音清晰，姿勢優美，富有辯才。為了成為卓越的政治演說家，德摩斯逖尼超過常人的努力，刻苦的學習和訓練。他最初的政治演說是很不成功的，由於發音不清楚，論證無力，多次被轟下台。為此，他刻苦讀書學習。

據說，他抄寫了《伯羅奔尼撒戰爭史》八遍；他虛心向著名的演員請教發音的方法；為了改進發音，他把小石子含在嘴裡朗讀，迎著大風和波濤講話；為了去掉氣短的毛病，他一邊在陡峭的山路上攀登，一邊不停地吟詩；他在家裡裝了一面大鏡子，每天起早貪黑地對著鏡子練習演說；為了改掉說話聳肩的習慣，他在頭頂上懸掛一柄劍，或懸掛一把鐵鎚；他把自己剃成陰陽頭，以便能安心躲起來練習演說……

德摩斯逖尼不僅訓練自己的發音，而且努力提高政治、文學修養。他研究古希臘的詩歌、神話，背誦優秀的劇本，探討著名歷史學家的文體和風格。柏拉圖是當時公認的獨具風格的演講大師，他的每次演講，德摩斯逖尼都前去聆聽，並用心琢摩大師的演講技巧。

經過十多年的磨練，德摩斯逖尼終於成為一位出色的演說家，他的著名的政治演說為他建立了不朽的聲譽，他的演說詞結集出版，成為古代雄辯術的典範，打動了千千萬萬讀者的心。期望對人生是非常重要的，而期望就代表動力、辦法、目標、進步、變化：

1、有期望就有動力

期望明日宴會請客，事前就有張羅準備的動力；期望事業能夠成功，就會有勤勞辛苦的動力；期望兒女成人成才，就會有呵護忍耐的動力。因為有期望就會有動力，有動力就能到達目標。

2、有期望就有辦法

人有所期望，就會想出種種辦法來實現期望。期望辦一所學校，就要想出興學設校的辦法；期望開一家工廠，就要想出設廠開工的辦法；期望出國觀光旅行，就要想出籌措旅費的辦法。人因為有期望，才會有辦法。

3、有期望就有目標

期望自己要做一個學者，就必須努力讀書、研究，以期達到目標；期望自己發財致富，自己就要用勞力、口才、智慧，去達成發財的目標。體育選手想要獲得金牌，有了目標就肯下功夫苦練；演藝人員期望獲得觀眾的掌聲，也要做好準備，才能達到目標。每一個人都要為自己的人生訂定近期、長期的目標，人生有了目標，才有動力，才有希望。

4、有期望就有進步

人生沒有期望，活在絕望裡的人生是痛苦的；有期望才會快樂，才能不斷進步。貧苦落難的人，期望貴人相助，也會有生存的勇氣。期望金榜題名，就必須用功讀書，求得學業上的進步；期望產品暢銷，就必須改良產品，讓產品建立口碑。任何成功，先決條件要有期望的動力、要有期望的目標，有期望才會進步，有期望才會成功。

5、有期望就有變化

期望的過程不是一成不變的，煮熟的鴨子還是會飛走。期望也有期望的因緣，有因緣的期望，因緣會來找你；沒有因緣的期望，只是幻想、空想。

即使是可以預期，甚至可以如期實現的期望，中途也會有變化。但是變化不是不好，既有變化，可能變壞也可能變好，所以有期望的人，不能不瞭解變化，不能不接受變化。

心有多大，舞台就有多大

小溪的舞台是大海，駱駝的舞台是沙漠，駿馬的舞台是草原，企鵝的舞台是冰川。同樣，人生活在社會上，也需要有自己的舞台，我們需要舞台去展示自己的智慧和才華，然而舞台有大有小，有輝煌也有黯淡。縱觀古今中外，凡在自己舞台上演繹傳奇人生的人物，無不具有偉大的胸懷和遠大的志向。

「大江東去，浪淘盡」，遠大的抱負造就了英姿煥發的英雄周瑜，也成就了他「羽扇綸巾，談笑間檣櫓灰飛煙滅」的功績。他將自己舞台放大到現在，至今仍影響著人們。

拿破崙說過：「我比阿爾比斯山還要高大。」人們嘲笑他的驕傲，妄自尊大，但無法否定他獨吞世界的野心，造就了他對當時世界的影響。無論拿破崙的成功還是失敗，都推動了整個世界歷史的發展。

誰會想到一位小時候社會地位低、受歧視的黑人，能夠成為紐約州的州長。皮爾小時候就在心中樹立了一座巍峨的高山，長大後要當州長。四十年後，他成功了，他成就了一個完全屬於自己的大舞台，並且演出了自己精彩的人生。

「我要讓全世界每個家庭都有電腦。」一句話造就了一場電腦的改革，造就了世界首富比爾・蓋茲。偉大的夢想，壯闊的雄心，使得比爾・蓋茲在世界大舞台上充分展示了自己的表演天賦，他的產品影響了未來科技的發展。

心有多大，舞台就有多大。只要我們每一個人都有一顆開創的心，就會有一個屬於自己廣大的舞台。

越王勾踐被吳國軍隊打敗，給吳王夫差當奴僕，忍受奇恥大辱，三年後，勾踐被釋放回國，他立志血洗國恥，終於使越國兵精糧足，繁榮昌盛起來，並一舉打敗吳國，成為春秋末期的霸主，正是其心志之故。

名揚天下，巴爾扎克在成名前，在書房的壁爐架上立了一座拿破崙的小雕像，在雕像的底部貼上一張紙條，上面寫道：「彼以劍鋒創其始，我將以筆鋒竟其業。」正是這誓言在支持他，才使他能憑藉一顆容納一切困難的心，艱苦奮進，忘我寫作以一顆博大的心鑄就了自己著作的舞台。

心有多大，舞台就有多大。讓你的心飛翔，讓你的心馳騁，以一顆開創的心鑄就你廣大的生命的舞台，演奏出一曲你自己的生命之歌！

勇於「異想天開」

我們在看待事物、思考問題的時候，往往會受到經驗影響，把自己設定在一個固定的範圍之內，沿著自己的慣性思維走下去，所以很難有大的突破。要想有大的突破，做到人無我有，人有我優，就要敢於異想天開。其實，只要打破傳統思維的局限，跳出慣性思維的束縛，敢於異想天開，你就會看到「圈外」那廣闊的天地。

一家廣告策劃公司由於拓展業務，急需招聘一名業務副理，招聘啟示一出，報名者聚集了數百人。總經理為考生只設了一道考題，題目是：給你一百公尺長的一段籬笆，你能圈起多大的一塊土地。考場上立刻忙碌起來，不一會兒一張張圈地圖紙交到總經理手中。總經理看著一個個圓的、方的、長的、扁的、三角形的、多邊形的圈地圖形，再看看考生給出的那些大小不一的圈地數字，忍不住搖頭。忽然，總經理的臉上浮現出一股驚異的神色，原來是一個考生的未完成的「圈地」圖紙吸引了他。這個考生只是用筆在紙上畫了一個圓，將其中塗上了陰影，然後在下面寫道：陰影以外的土地就是我所圈起的土地。大家都把圈內的土地圈了起來，那圈外的土地自然就是我的了。這位考生異想天開的回答，讓總經理和所有的考生都為之驚訝。最後，他成了這次招聘唯一錄用的人。

英國詩人布萊爾說過：「打破常規的道路，是通向智慧之宮。」一個人若要有所發現、有所創造，就要打破慣式思維，勇於求新求異，探索真理。美國萊特兄弟如果認為人類無法凌空翱翔，就造不出世界上第一架能真正飛行的飛機；哥白尼如果承認了荒謬的「地心說」，就不會提出正確的「日心說」；富爾敦如果聽從了父親的勸阻，就造不出世界上第一艘蒸汽船。所以說，只有不屑於咀嚼陳舊的老調，思維向更廣闊的層次拓展的人，才能尋覓到完全嶄新的意境。正是這種意境，才推動了人類的進步，社會的發展。當有人想法離奇的時候，人們往往會送給他「異想天開」這頂帽子，用此來諷刺、嘲笑。但你是否想過，從某種意義來說，「異想天開」卻是人類朝著目標奮鬥，前進的動力。

社會的發展，人類的進步，就是建立在這「異想天開」基礎上的，「異想天開」是創新、是開拓、是進取。當然「異想天開」不是脫離實際又不願付出努力的胡思亂想，更不是荒誕不經的妄想。科學，昂首闊步的在前進，它以不可抗拒的力量將世界推向前進。

創新是一個民族進步的靈魂，是一個國家興旺發達的動力，是一個企業生機的泉源，也是一個人創造競爭力的法寶。縱觀歷史或現實生活中擁有競爭力的傑出人士，無不都是具有強烈的創新思維和意識的人。他們不滿足於現狀，不受慣性思維的束縛，勇於打破固有的觀念，敢於懷疑前人的論斷，敢於走他人沒有走過的路，敢於做他們所沒做過的事，敢於想他人所未敢想過的道理。

敢於「異想天開」，於是，他們創造了非凡，發現了前人所未見。正是擁有了強烈的創新思維，他們往往站得更高，想得更深，看得更遠，因此先人一步，步步領先。擁有強烈的創新激情，將為你的競爭力添上翅膀，使你翱翔於人生的藍天。

有遠見，就是擁有整個世界

沃爾特．迪士尼有遠見，想像一個這樣的地方，是一個充滿童話般的世界，孩子們歡天喜地，全家人可以一起在新世界探險，小說中的人和故事在生活中出現，觸摸得到，後來成為事實，在美國加州沃爾特．迪士尼創建了迪士尼樂園。

沒有遠見的人只看到眼前的、觸摸的到手邊的東西。相反，有遠見的人心中裝著整個世界。遠見跟一個人的職業無關，他可以是個貨車司機、銀行家、大學校長、職員、農民。世界上最窮的人並非是身無分文，而是沒有遠見的人。

但是，遠見就跟正確思維方式一樣，不是天生的，也無需我們生下來就具備看到機會和光明的能力。遠見是一種可以培養出來的本領，這種本領也可能被壓抑。對於一個有遠見的舵手來說，燈塔其實比速度更重要，因為如果沒有正確的方向，速度越快只會離目的地越遠。

我們知道，一個人只要有遠見，就具有改變人生的力量。雖然人人皆可達成，但有些人在實行時還是會發生困難。但對那些敢於克服困難的人來說，只要他們心中有了遠見，就好比在內心深處有了一盞明燈。

二十世紀四〇年代，加利福尼亞州有一家規模不大的自行車廠，由於第二次世界大戰的原因，所以生意很不好。這家工廠的一位老闆傑克看到了當時百業凋零，只有軍火是個熱門，而自己又與它無緣。於是，他把目光轉向未來市場。經過一番思考，他把自己的想法告訴了另一個合作夥伴。

這個合作夥伴問他：「改成什麼？」

傑克說：「改成生產輪椅。」

夥伴很不解，但還是按照傑克說的去做了。經過一番改造後，輪椅問世了。戰爭越來越殘酷，受傷的人自然也就越來越多，許多在戰爭中受傷成殘的士兵為出入方便，幾乎都買了輪椅。傑克的工廠很快就供不應求，產品不但在美國暢銷，連國外也來購買。

合作夥伴看到工廠的規模不斷擴大，不斷獲利，在滿心歡喜之餘又向傑克請教：「戰爭快結束了，輪椅如果繼續大量生產，需要量可能已經不多。未來的幾十年市場又會有什麼需要呢？」

傑克反問說：「戰爭結束了，人們的想法是什麼呢？」

夥伴說：「人們對戰爭已經厭惡透了，希望戰後能安定的生活。」

傑克又說：「那麼，美好的生活靠什麼呢？要靠健康的身體。將來人們會把身體健康作為重要的追求目標。所以，我們要為生產健身產品做好準備。」

於是，生產輪椅的機械，又被改造為生產健身器材。

最初的幾年，銷售情況不太好。這時傑克和合作夥伴已經去世了，但是他們的子女始終堅信父親的思維，仍然繼續生產健身器材。結果不久健身開始流行，當時傑克健身器材廠在美國只此一家，獨佔鰲頭。老傑克的兒子又根據市場的需求，不斷增加產品的品種和產量，擴大企業規模，終於使企業走向了更成功的輝煌。

一個人一生的成敗，全繫於這個人所持有多麼遠大的目光而決定的。同時，一個人意志力的強弱也有關鍵作用，具有堅強意志力的人，遇到任何艱難障礙，都能克服困難、消除障礙。

抓住適合自己的目標

或許你不想創業，寧可替一家公司工作，或許你偏好寫作、當老師、從政、從軍等。不管你打算創業展現你的智謀和體魄，或替政府機關和私人企業工作，無論你的夢想是什麼，準則都是一致的。

你必須信任你自己，無論你做的怎麼樣，無論你選擇何種事業，在你開始一項計劃時先衡量得失。也許這種衡量得失的過程，就是靠大腦尋找合適自己夢想的過程，從中發現人生的契機。你可以規劃任何創業的夢想，但夢想必須要明確你想擁有什麼樣的事業？你如何規劃你的人生？你想從事何種職業？開創屬於我們自己的事業，無需為別人而工作，而是為我們自己在工作。假如你能選擇世界上任何一份職業，那是什麼職業呢？先不要在意別人的看法，你的家人、朋友、甚至是你的情人對你有所期待，但是你自己的期望是什麼呢？相信你自己的直覺，豐富你自己的夢想，即使是能振奮起讓你對未來有希望的一點點夢想。心靈具備某種連理智都無法解釋的道理，不要去聽信阻礙你發揮潛力的聲音，然後大膽地隨夢想前進。

當然有夢想是一回事，能否去實現它又是一回事，別害怕自己的能力有限，也不要盲目。夢想行不通的時候最好另做打算。我們應該仔細想想自己的專長和嗜好，如果你覺得自己一無是處，那是胡說八道，天生我材必有用。要知道大部分成功的人士都不會認為他們自己是天才，但那並不意味老天沒有給予我們能力和種種天賦。

不要對自己說自己沒有才華，請記住你是有的！有時候人們容易把天才和艱苦混淆，有些資賦優異的人確實能輕而易舉的達到目標，如果所有的音樂家和作曲家都一定要和莫札特比較，那他們必定會很失望。有時候我們不能全然欣賞偉大的音樂家、名星、運動員、作家、藝術家和日進斗金的大企業家，憑藉努力發揮了他們的天賦的事實。有位名人曾經說過：「工作之前，唯一可以找到成功的只有在字典裡。」假如你有個夢想即使還僅僅是稍具雛型，那就大膽的去做吧！如果你還沒有夢想或者不怎麼確定的時候，我們就要牢記：「我們不是為了別人在奮鬥和努力，我們是為了我們自己，我們要開創屬於我們自己的事業。」成功的過程固然有失敗和挫折，但是我們有信心、有夢想，我們就能更好；去展現和實現我們自己的才華和目標，夢想一定會帶我們飛向成功的。

想一想，什麼事是你想做的？什麼事可以讓你既覺得輕鬆又樂在其中？什麼事是別人認為你做得很好的？

這有助於你去認識到自己的才華，假如這些才華都運用在目標的追求上，成功的機會將不可限量。

目標百分百，方法無窮多

如果你有了目標，就要積極地實現它，努力嘗試不同的方法。正所謂「條條大路通羅馬」，這句諺語意指人生目標的實現，不只有一條路可走。

伊爾莎年輕的時候，有一次父親帶她登上了羅馬一座教堂的高高塔頂。

「往下瞧瞧吧，伊爾莎！」父親說道。

伊爾莎鼓足勇氣朝腳底下看去，只見星羅棋布的村莊環抱著羅馬，如蜘蛛網般交叉彎曲的街道，一條條通往羅馬廣場。

「好好瞧瞧吧，親愛的孩子。」伊爾莎的父親溫柔地說。「通往廣場的路不只一條。生活也是這樣。假如妳發現走這條路無法到達目的地，妳就走另外一條路試試！」

伊爾莎的生活目標是成為一名時裝設計師。然而，在她向這個目標前進了一段時間之後，就發現此路不通。伊爾莎想起了父親的話，決定換一條前進的道路。

伊爾莎來到了巴黎這個全世界的時裝中心。有一天，她碰巧遇到一位朋友，這位朋友穿著一件非常漂亮的毛絨衣，顏色樸素但編織得極其巧妙。透過朋友介紹，伊爾莎知道編織這位毛衣的人，名叫維黛安，在她的出生地美國，她學會了這種針織法。

伊爾莎突然靈機一動，想出了一種更新穎的毛衣的設計。接著，一個更大膽的念頭湧進了她的腦中：為什麼不利用父親的商店開一家時裝店，自己設計、製作和出售時裝呢？可以先從毛衣開始嘛！

於是，伊爾莎畫了一張黑白蝴蝶花紋的毛衣設計圖，請維黛安先織一件。織好的毛衣漂亮極了。伊爾莎穿上這件毛線衣，參加了一個時裝商人矚目的午宴，結果紐約一家商場的代表立即訂購了四十件這樣的毛衣，要求兩個星期內交貨。伊爾莎愉快地接受了。

然而，當伊爾莎站在維黛安面前時，維黛安的話讓伊爾莎的愉快一下子消失的無影無蹤。「妳要知道，編織這樣一件毛衣，我幾乎要花上整整一個星期的時間啊！」維黛安說。「兩個星期要四十件？這根本是不可能。」

眼看勝利在望，此路又不通了！伊爾莎沮喪至極，垂頭喪氣的告辭了。走到半路上，她猛然止步，心想：必定另有出路。這種毛衣雖然需要特殊技能，但可以肯定，在巴黎一定還會有別的美國婦女懂得編織的。

伊爾莎連忙趕回維黛安家，向她說出了自己的想法。維黛安覺得有道理，表示樂意協助。伊爾莎和維黛安好像偵探一樣，調查了住在巴黎的每一位美國人。透過朋友們的輾轉介紹，她們終於找到了二十位懂得這種特殊針織法的美國婦女。

兩個星期以後，四十件毛衣準時交貨，從伊爾莎新開的時裝店，裝上了開往美國的貨輪。此後，一條裝滿時裝和香水的河流，從伊爾莎的時裝店裡源源不斷的流出來了。

成功的方法不僅僅在於堅韌的奮鬥，更應該發揮自己的想像力與創造力，因為成功的道路不只有一條。一條路行不通，積極、靈活地尋找另一條通往成功的路，才可以將自己立於不敗之地。

記住：通往羅馬的路不只一條。同樣，成功的路也是如此。

慾望是成功的翅膀

每個人的心中都有某種慾望，這種慾望能夠轉化為追求的動力，專注於目標，不達目標誓不罷休。

一個年輕人曾經問蘇格拉底，成功的秘訣是什麼。蘇格拉底要這個年輕人第二天早晨去河邊見他。第二天，他們見面了。蘇格拉底讓這個年輕人陪他一起向河中央走。當河水淹沒他們的脖子時，蘇格拉底趁這個年輕人沒有注意，一下把他推入水中。年輕人拚命掙扎，但蘇格拉底很強壯，一直把年輕人按在水裡，直到他奄奄一息時，蘇格拉底才把他的頭拉出水面。而年輕人所做的第一件事，就是深深地吸了一口氣。蘇格拉底說：「在水裡的時候，你最需要的是什麼？」年輕人回答：「空氣。」蘇格拉底說：「這就是成功的秘訣。你渴望成功的慾望就像你剛才需要空氣的願望那樣強烈的時候，你就會成功。」

有人問康得拉·希爾頓何時知道自己將會成功，他說：「當我還窮困潦倒到必須睡在公園的長板凳時。我已經知道自己今後會成功。因為我知道，一旦一個人下定決心要功成名就時，就表示他已經向成功邁出了第一步。」

慾望越強就越能激發出自己的力量，如果只有成功才能活下來，我們便不會浪費時間去研究如何成功的問題，做一名「成功學」研究專家了。

假如我們身陷不測，與強盜歹徒展開生死搏鬥，只有把他打倒，我們才能夠活命。那麼，這時我們不可能再去請教拳擊教練、柔道專家，我們唯一能做的就是捨命拚搏。

追求成功也是同樣的道理，當渴望成功如同渴望生命一樣時，你才可能獲得它。一個人要想成功，那麼他首先要有非常強烈的成功慾望。然後就是為成功而付出與行動，空想是解決不了任何問題的。

有這樣一則故事：八十多年前，美國新澤西州的橘郡，一位看起來像個街頭流浪漢的人匆匆忙忙從貨艙走下火車。

這個人叫艾德溫．巴納斯，他到橘郡是來找發明家愛迪生的。別看他像個一文不名的流浪漢，他腦子的思想卻富可敵國。從鐵軌走向愛迪生辦事處的路上，他腦筋轉個不停。他想像著自己站在愛迪生面前，他聽見自己在請求愛迪生給他一個機會，實現他夢寐以求的人生目標，成為這位偉大發明家的事業合夥人。

誰都不知道他是怎樣說動了這位大發明家，總之，愛迪生最後把他留了下來。

巴納斯在愛迪生的身邊工作，轉眼就過了五年。在別人看來，他只是愛迪生的產業裡一顆不起眼的小螺絲，但在他自己的心中，他無時無刻不是愛迪生的合夥人，從他一到那裡工作開始，一直都是。

多年以後，巴納斯再次置身於首度會見愛迪生的辦公室，也再次和愛迪生相對而立。

但這一回，他的渴望已經成為現實：他真的成了愛迪生的合夥人，而不僅僅是個助手。

總之，慾望是引導人成功的信仰。如果一個人少了慾望，便一事無成。

夢想比知識更重要

對於人類，知識似乎是非常重要的，當今被稱為資訊爆炸的時代，只要你願意，除了課堂上要學的語文、數、理、化，還有足夠多的新知識、新資訊，讓你往腦袋裡塞！那麼，只要往腦子裡裝了很多知識，是不是就會變得聰明絕頂呢？

不見得。譬如，飽讀中國古代典籍，開口引經據典，閉口之乎者也，你並不能成為一個詩人或作家，人們當面可能稱頌你有學問，背後可能罵你酸腐，叫你書呆子。

人因夢想而生存，人因夢想而偉大。每一個人都有自己的夢想，夢想是對自己未來的美好設計，夢想是對生活積極進取的態度，夢想是對人生的期盼，人可以失敗，可以遭受挫折，可以忍受孤獨和不幸，但不可以失去夢想，沒有夢想的人生就象鳥失去了雙翼，船失去了槳。人類社會發展的歷史，就是超越夢想的歷史。

愛因斯坦有一句名言：「想像力比知識更重要，因為知識是有限的，而想像力概括著世界上的一切，推動著進步，並且是知識進化的泉源。」

仔細想來，各行各業，三教九流，想不同凡響，都需要想像力。

寫詩要想像力，李白詩中的「黃河之水天上來」、「疑是銀河落九天」、「白髮三千丈」、「舉杯邀明月」等妙句，讓一千多年後的人讀來，都被他的想像力震憾。

科學史可以說是人類想像力的發展史；十九世紀中葉，法國科幻大師凡爾納在科幻小說中描繪的潛水艇、登月飛行、高速列車後來都成為事實。英國科幻大師克拉克首先設想出通訊衛星，以後才有覆蓋全球的衛星網絡。

多年前有個美國人，在一個牧場當牧羊童，他小學畢業後，由於家庭困難，無法繼續升學，只好替人家放羊。眼看著同學們都升學了，他也暗自下決心：想辦法讀書，將來做一個大牧場的老闆。

於是，他一邊放羊、一邊看書。當時，他的工作是，只要把羊看好，不要讓牠們越過柵欄就行了。放牧柵欄是用若干支柱拉著四條鐵絲圍成的，但當他埋頭讀書時，牲口卻常常撞倒放牧柵欄，成群地跑到附近的田裡去偷吃。每次發生這種事時，老闆就向他咆哮：「混蛋！放羊需要什麼學問！把書丟掉，好好看著羊！」他既要放羊，又不想放棄讀書，便不得不思考「能偷懶就偷懶」的對策。

他心想：「難道就沒有一種可以加強放牧柵欄，使羊群跑不出去的辦法嗎？」於是，他開始分析情況，看羊是怎樣衝破放牧柵欄跑出去的。

結果，他發現利用薔薇做圍牆的地方，儘管脆弱，但是從來沒有被破壞過，被衝破的是拉著粗鐵絲的地方，為什麼會是這樣呢？

他疑惑地觀察薔薇，原來薔薇身上長著刺。他心想，要是全部改用薔薇做圍牆呢？於是，他砍了一些薔薇枝條栽插在放牧柵欄的旁邊。

但當他一望幾十公尺的柵欄，和想到薔薇枝條的長勢時，不禁心灰意冷。因為這辦法太費勁，況且等到全部薔薇長成圍牆能阻擋羊群時，那該是四、五年以後的事了。還有什麼好辦法呢？

當他下意識的敲了敲放牧柵欄上的鐵絲時，忽然一個「懶」主意浮上心頭：「能不能用細鐵絲做成帶刺的網呢？」

於是，他弄來鐵絲，按照「鐵薔薇」的創意動起手來。他把細鐵絲剪成五公分長的小段，然後纏在鐵絲柵欄上，並將細鐵絲的兩端剪成尖刺。這種工作做起來很快，一天就完成了。

翌日，他故意隱蔽起來觀察羊群的動靜，想看看這辦法是否有效。羊群一看他不在，就像往常一樣，把身體貼靠到放牧柵欄想把它推倒，但是被刺痛了身體，不久就紛紛退卻了。「成功了！」他高興的手舞足蹈。他不僅可以偷閒看書，而且因發明了「不用看守的鐵絲網」受到牧場主人的讚賞。有商業頭腦的牧場主人建議與他合夥，開設工廠專門生產這種新的圍柵以滿足牧場的需要。

於是，他和牧場主人又對最初發明進行了改進，設法將兩根鐵絲絞合起來，把剪短的鐵絲夾在中間，改進後的鐵絲網效果更好，他們的產品上市後，訂單紛至，使他們忙得不可開交。

帶刺鐵絲網的應用，不久引起了陸軍總部的重視，他們認為將其用做戰場防禦網是一種很好的工具。也正是軍界的垂青，他發明的鐵絲網更是帶來了大量的金錢。據說，到他的發明專利權有效期滿時，他的財產曾動用十個會計師才統計出來。誰能料到，一個牧羊童在琢磨偷懶中獲得新的發明，帶來了巨大的財富。

所以說，知識來自於學習和實踐，見識來自於觀察和體驗，它們是遨遊創新發明廣闊空間的翅膀，願我們都長上這雙強健的翅膀，給自己營造一片藍色的天空。

第四章　你在言詞上需要高調

語言是跨越人生和事業成功的第一道開關，掌握了說話的技巧，便擁有了高調做人的資本。會說話的人可以無往不利，不會說話的人難免四處碰壁。

自古就有「一言以興邦，一言以喪邦」之說，成大事者無不是善於說話的人，口才能拓寬你的生存空間，現在的成功人士百分之八十是靠口才打天下。

常言道：「良言一句三冬暖，惡語傷人六月寒。」一語道破了說話的重要性。說話是一門講究技巧的藝術，它直接影響到我們生活的各方面。會說話的人懂得給人如沐春風之感，會說話的人能逢凶化吉，轉危為安。

把你的優勢說出來，讓人刮目相看！

你瞭解自己的優點嗎？

你是不是覺得讚揚自己的優點是不對的，顯得不太謙虛。其實，自己在某些方面確實有優點卻去否定它，這種做法既不符合人性，也表示不誠實。肯定自己的優點絕不是吹牛，相反的，這才是誠實的表現。

你有哪些優點自己清楚嗎？你是不是知道自己所有的優點？你能不能說出這些優點？在別人問起他們時，他們會說：「我不知道，不過我想我是有些優點的。」可是在別人問起他們有什麼缺點時，倒是可以列出一大堆。大多數人都被灌輸了一種觀念，講自己的優點是不對的，講缺點是應該的。希望你能真正清楚自己有那些優點，因為要成功就一定要好好地運用你的優點。只有把你的優點大膽地說出來，別人才會對你刮目相看。

「寫完最後一篇工作日誌，關緊廠房裡的最後一扇窗，窗上有一小片白灰濺上的印漬，我用指尖點了一滴水將它擦掉，明天我就要去新的公司上班了。」

這不是工作日記，這是一位應徵者到美國某跨國公司求職時，履歷表的開場白。這個日記式的開頭，使他得到董事長的欽點錄用。該公司以嚴格的現場管理著稱，最需要的正是這種嚴謹以待的員工。

另一個求職者李小姐，現在是一家出版社的英文編輯，出版社應聘時，社長請她自我介紹，她沒有敘述自己的業務能力，而是講了一個小故事，說她還在大三時，看到某本英語雜誌上有一篇文章的翻譯，她覺得有一點小問題，出於對雜誌的喜愛，她寫了一封信給主編，指出錯誤，並提供了自己的譯法，半個月後，她收到了主編的回信，主編對她的意見表示感謝，贈送給她一本翻譯小說。

講完這個故事後，社長說：「妳說的雜誌很不錯，我也很喜歡。」這位求職者就被錄用了。其關鍵在於她用故事詮釋了自己的優點。

如果哀怨自己找不到適合的工作，就應該檢討是否用最佳的方式來展現自己的長處。很多千篇一律的求職履歷表，總是講自己學了什麼專業，拿過什麼學位，得過什麼獎勵，然後再來一番豪言壯語，無非是說吃苦耐勞是他的本性，他的做人理念，只要給他一個舞台，一定會給企業一個驚喜，然後再附上自己的聯絡方式。這樣的求職者並不是沒有自己的長處，只是因為沒有用最佳的方式把它展現出來，因此失去了機會。

試著說出你的優勢所在，機會也會因此離你越來越近的！

把你的目標說出來，不要給自己留後路

拿破崙說：「不想當將軍的士兵，不是好士兵。」人只有樹立遠大的目標，才能嚴格要求自己，才能有動力。目標是督促人們多做好事，少做壞事的方法。當你告訴一個三歲大的孩子，如果他在一個星期內不挑食，就會贏得一次去玩具店的機會時，你就會看到那個小孩，在今天內極力克制自己不挑食。這是那個「去玩具店」的目標在激勵他。

當一個人在為自己的目標而奮鬥的時候，他是積極的、主動的，自然也就會全力以

赴。當一個人做事時能全力以赴，又有什麼事做不好呢？因此，確定了目標，也就有了無盡的動力。

但是，如何實現目標呢？台灣人有一個特點，死要面子。當一個人把自己要做的事當眾說出來後，他就會想盡方法去完成，否則就會覺得沒面子，被別人瞧不起。有時，為了那張臉皮，會不顧一切。因此，說出你的目標，將有助於目標的達成，從某種程度上來說，你已經沒有退路了。

一個人要想做好一件事情，成就一番事業，就必須心無旁騖、全神貫注的投入進去，持之以恆的追逐目標。但人是有惰性和太多慾望的動物，要持之以恆實在不容易，總會有戰勝不了身心倦怠的時候，或抵禦不住誘惑而想去享樂，使事業半途而廢。

利用別人來監督自己，可以使自己在意志最薄弱的時候堅持下去。在這個時候，別人引起刺激自己的作用如果食言，便意味著自己這個人言而無信，這在很多人看來是最大的恥辱。因此，他們也就能夠驅動自己所有，去為自己宣稱的目標而努力。

心理學家曾對一千多名智力相當的兒童進行長達五十年的追蹤調查，發現其中有些人，四十五歲以後在事業上獲得了很大的成就，而有些人卻一事無成。心理學家根據被調查者成就的大小，把他們分為「有成就組」和「無成就組」，進行比較研究，發現這兩組人之間最大的差異在於意志方面。獲得較大成就的人，常常會把自己的行動目標告訴別人，在別人的監督下取得了成就；而「無成就組」的那些人，大都性格內向，不敢說出自己的目標，以至於在時光中悄悄磨滅了自己的理想。心理學家由此得出結論，人們能否取得事業上的成功，取決於是否有人關注著他，監督著他。

好萊塢知名編劇伍迪·艾倫，一九三五年十二月一日出生於美國紐約布魯克林區的一個猶太人家庭，從小對電影有一種狂熱的喜愛。但是他卻從未接受過正式的電影或者表演教育，靠為報社寫一些諷刺小品為生。可是他克制不住自己對電影的狂熱，決定依靠自學走上電影之路。到二十世紀六〇年代初，他已經成為一名相當出色的電視表演藝術家。於是他開始向影劇界進軍，為百老匯編寫劇本。到了一九七七年，伍迪自編自導自演的影片《安妮·霍爾》擊敗了所有對手，捧走了四項奧斯卡大獎，一夜之間享譽了全球。

伍迪．艾倫有一個特點，就是每寫一部作品前，都要找他的朋友大談其作品的內容以及自己要寫出來的決心。在一遍遍的覆述中，他充實了自己的作品，並下定了寫作的決心。

有人問他為什麼這樣做，他坦承自己是個非常懶惰的人，如果沒有朋友的監督，他可能一事無成。「他們經常問我寫作的情況，如果我不寫，自己都覺得不好意思了。」

可見，利用別人監督自己，可以促使自己在條件艱苦的時候，繼續奮鬥，從而使事業得到發展。

學會利用他人監督自己，你可以將你的目標告訴他人，這樣你就會把自己放在別人矚目的位置。為了使自己免於墮入「吹牛」的惡名，我想你會竭盡全力奮鬥。拿破崙．希爾，在他全球暢銷幾千萬冊的《思考致富》中就提到過「過橋抽板」。當然，這四個字的意思不是要我們「過河拆橋」，而是告訴我們在做一項無法輕鬆實現的事情時，最好切斷自己的退路，這樣才能激發我們的潛力，堅持到底。

說話肯定，別人才會對你肯定

說話肯定的人，是誠懇直接表示自己的感受，不是生氣指責對方，也不是壓抑在內心裡嘀咕抱怨。

說話肯定的人，情緒穩定，容易正確地表達自己的意見，而且對於維持自己的權益也表現較佳。雖然說話肯定是心意安定的一種狀況，能表現出較高的情緒智慧，對情緒認知和表達都會顯得恰當自然。

在職場上，可能遇到高薪的誘惑，也可能碰上人事關係上的阻撓。你必須肯定說話，做正當的表示。這種情況壓抑對你有害，會產生諸多後遺症；強烈的攻擊和反彈，也未必符合現實法則，而且造成新的阻力或衝突。

在日常生活中，我們常常會吃了「不好意思」的虧。例如你上了計程車，司機一路對你發牢騷，你不好意思婉拒，只好壓抑自己讓他轟炸，其實，你可以很肯定地告訴他：「對不起，我現在很累，需要休息一下。」或者你拿出資料來看，肯定表示，「先生，我正在準備資料，對不起，不能陪你聊天。」這個問題很快就可以解決，用不著煩心。

每一個人都應該培養自己的肯定說話，它影響自己的生活品質，人際關係和處理事情的效率。以下是心理學家阿巴特和艾蒙斯提出肯定說話的技巧，只要你照著它，很快就可以做一位有尊嚴又有說話肯定的人。

1、要溝通

你能誠實地說出你的感受，但在說話時，要對事不對人，不可貶抑對方，而有技巧地說出自己的感受。例如太太對先生說：「在聚會上你沒有把我介紹給朋友，我會覺得很不受尊重。」

2、要認識自己和內在情結

感受會牽動行為，你必須清楚瞭解自己和別人，才不致升高焦慮。你當然有權依照你的行為、思想和情緒，去為自己做主。但你也可以說：「我並不介意。」

3、要注意你的語言和肢體動作

和他人說話時要正視對方，接近對方，坐在適當的位子。維持適當表情，例如不可以在憤怒時露出微笑，說話要堅定有禮貌，這些是說話肯定的特質。反之，有些人不停點頭，說話好像在乞求別人一樣，那就是表現出非肯定的行為。

4、要注意時程

要能及時表示你的情感或意見，不要拖延到問題發生，或者壓抑到問題變得嚴重。許多女人，沒有及時表示對先生浪漫行為的介意，而錯失預防在先的效果。不過肯定也表現在你的反應方式上，例如適當的表達，注意以私下傳遞你介意的感受。

5、避免小題大作

大可不必為小小的問題聒噪或興師問罪，適當的寬容，不但不影響你的肯定，反而襯托出你的氣度。

6、要掌握彼此互動的技巧

在表達的語言上，要用我開頭來表示自己的感受，例如：「我覺得很孤單」而不是「你根本就不在意我」。在意思表示時，要注意客氣。語氣是可以分出輕重的。

每一個人都應培養自己的肯定，我們才能表達自己的感受，增進主動性的行為。能肯定說話的人心理健康，人際關係也較親密。此外，可以建立良好的自我意象，增加自己的感受，引導一個人真誠與自我實現。

感恩的話要多說

「厚德載物」，強調的就是道德的力量。一個人有了德行，就有了做人做事的根基。而在所有德行中，最重要的就是感恩，懂得感激，學會感謝。

有兩個人同時去見上帝，問上帝去天堂的路怎麼走。上帝見他們饑餓難耐，就先給了每個人一份食物。第一個人接過食物，真誠地說了一聲「謝謝」；另一個人則無動於衷，好像應該給他似的。然後，上帝只讓說謝謝的人上了天堂，另一個則被拒之門外。站在天堂外的人不服氣的說：「我不就是忘了說聲謝謝嗎？」上帝說：「不是忘了，是沒有感恩的心，所以說不出感謝的話；不懂得感恩的人，不知道愛別人，也得不到別人的愛。」那個人還是憤憤不平的說：「少說一句謝謝，差別有這麼大嗎？」上帝又說：「是啊。上天堂的路是用感恩的心鋪成的，上天堂的門只有用感恩的心才能打開，而下地獄則不用！」

所以，我們應該習慣用微笑感謝陌生人的友好，習慣對幫助我們的朋友、同學說謝謝，習慣對老師說「您辛苦了」，習慣將有關感恩和愛的話語流露在嘴邊，讓爸媽聽見，習慣用語言來表達對我們身邊的人的感恩之心。

說「謝謝」，反映了一個人的態度：感恩、謙卑；不善於說「謝謝」，也反映了一個人的態度。兩種態度，兩種人生命運，決定了人生的價值。

美國哈佛大學人際學教授約翰．杜威曾說：「人類本質中最殷切的需求是渴望被肯定。」及時表達謝意，這樣自然能夠樂於被對方接受，獲得滿意的結果。

對他人的幫助認為理所應當，不善於及時表達謝意，甚至驕傲自大，趾高氣揚，不把別人放在眼裡，是沒有人喜歡與這樣的人打交道。抱著這種態度與人交往，必然四處碰壁，讓自己的人際關係一團糟，你的工作、事業甚至愛情，都會大打折扣。

事實上，善於表達謝意，以感恩、謙卑的姿態面對身邊的人和事，是一種積極的人生態度。美國著名作家羅曼．皮爾是「積極成象」觀點的主要倡導者，他提出的「態度決定一切」，已經成為表達積極思維力量的一句口頭禪，傳遍了全世界。

從感恩出發，學會隨時表達謝意，是每個人應該掌握的一種處世智慧。

「謝謝」誰都會說，但是並非每個人都能主動去說、主動去做。因為許多人認為，這是無足輕重的小事，可有可無。殊不知，細節決定成敗，在細小之處加強個人修養，才能主動把握機會，創造不一樣的人生。

最能取悅他人及取悅自己的話，是「謝謝」；最能凸顯他人尊嚴與自己感恩的話，是「謝謝」。往小的地方說，它能表現一個人的禮貌、謙遜、優雅，往大的方面說，它能產生不可預料的扭轉情緒的反應，幫助我們建立良好的人際關係，甚至在關鍵時刻改變人生命運。

生活、工作、交往中，對別人說一聲「謝謝」很簡單，然而許多人不具備這種意識，沒有養成這種習慣。他們要麼在家當「皇帝公主」時間久了，不善於感恩、表達謝意；要麼不屑於和身邊的「小人物」結交，在心態上存在著偏差。語言反映的是人的思想、情感，左右的卻是人與人之間的關係。

「良言一句三冬暖，惡語傷人六月寒」，「謝謝」是沒有國界、沒有種族、沒有宗教界限，不分男女老少的最受歡迎的話。說話辦事，多一些善意和包容，善於說「謝謝」會給你帶來最祥和的人際關係。

讚揚的話要高聲說

讚揚，是一種容易引起對方好感的交往形式。人大多數是喜歡聽好話的，適當地說些恭維話，是能夠引起催化的作用。讚美在任何時候都受到歡迎，人們都有一種雙重需要，即被人稱讚和去稱讚別人。我給你好話，你給我好感，這是符合人際交往的酬賞理論的。尤其是在與人初次交往時，恰當的讚美能使相互之間的關係迅速升溫。

人人都渴望被別人讚美，因為這是別人對自己的一種肯定，一種認同，也是代表著自己的一種存在的價值。

舉個例子來說，每個人都渴望被人讚美，那麼從市場營銷學角度來講，被人讚美也理所當然的成為人的一種需求。

其實，讚美別人就是幫助自己，當他人在你的讚美聲中得到需求滿足時，他也會用同樣的方式來肯定你的工作，於是你們之間的溝通就更易於開展，這時你會真正地從內心感覺到讚美讓溝通如此輕鬆！

孔子說過：「有益的快樂有三種，有害的快樂也有三種。以節制禮樂為快樂，以稱道別人的優點為樂，以多交賢良的朋友為樂，就有益了。以任性取樂為樂，以盡情遊蕩為樂，以酒色歡娛為樂，就有害了。」

這裡，孔子特別提醒，要「樂道人之善」，意思就是要多看到他人身上的優點，學會讚美他人。嚴以律己，寬以待人，這樣才能夠進步。

知彼能夠讓我們獲得一個平和的心態，學習理解他人的行為模式，做出合適的反應，不再為別人的錯誤而情緒波動，也不因思維及行為模式的差異製造不必要的衝突。在全球五百大企業管理者所做的調查發現，一個成功的企業家的必要條件不在ＩＱ而在於ＥＱ。

這也涉及到如何和他人相處的問題，也就是如何處理人際關係。放眼當下的職場，面臨最大的問題就是人際關係問題。應該說，每個人都有缺點，人與人相處，最難的就是如何與他人的缺點相處，而成功的關鍵就是做到知己知彼。

和上司相處，如何知道他對工作的要求？如何領會意圖？和同事相處，如何融洽和諧？如何面對流言蜚語，創造愉快的工作環境？如何面對能力比你強的同事？處理好這些矛盾，有一個訣竅，那就是學會讚美他人，欣賞他人。

每個人天生都渴望得到他人的讚賞；同樣的，也都懼怕責難。

心理學家威廉．詹姆斯說：「人類性情中最強烈的，是渴望被人認同。」許多心理學家以動物的訓練來做實驗，做好事給予褒獎，以及做錯事給予懲罰，都一再發現褒獎的效果好過於懲罰，一味批評是無法期待好效果的，倒不如重視對方的情緒反應。

卡內基曾經說過：對於被人認可，覺得自己很重要，是人之異於禽獸的主要特性。如果祖先沒有這種重要性的需求，人類的文明大約會在原地踏步，所以，不要吝嗇你讚美的言詞，大聲把它們說出來吧！

讓自信的語言照耀你的人生

在一個越來越強調人際交往和互動的現代社會裡，僅僅憑自己的本事去開闢一個新的生活空間，或者僅僅做好本職工作，就想脫穎而出獲得成功，似乎越來越不可能了。唯一的做法是，勇敢地說出和實施自己的想法和主張，維護自身的尊嚴和權利，然後盡一切可能去影響同事、上司、下屬或客戶，用自己的言語和行為打動他們，形成一種互動的集體的自信心。唯有自己昂首挺胸，在刀光劍影的職場裡保持堅強的自信心，才有機會出人頭地。

在充滿競爭的職場裡，在以成敗論英雄的工作中，誰能自始至終陪伴你，鼓勵你，幫助你呢？不是老闆，不是同事，不是下屬也不是朋友，他們都不可能做到這一點。唯有你自己才會伴你走完人生的春夏秋冬，也唯有你自己才能鼓起你的信心，激勵你迎接每一次挑戰。

在辦公室裡，你可能是個不起眼的小角色，別人絲毫不會注意到你，你的自信是你唯一的生存法寶。你應該積極主動地向前邁出一步，去積極爭取表現你自己的機會，譬如主持一個會議或一個方案的施行，主動承擔一些上司想要解決的問題，或者主動地真誠的幫助你的同事，替他解決一些難題。如果你能做到哪怕只是其中的一點，你的內心就會起變化，變得越有信心，別人也會越能認識到你的價值，會對你和你的才能越信任，你在辦公室裡的位置就會發生顯著的改變。

自信不是瀟灑的外表，但它會帶給你外表的瀟灑。它是需要長期經營的一種生活習慣，它會讓你認識自己所扮演的人生角色，自己在哪方面有足夠的能力，還有哪方面需要再發掘自己的潛能，這樣你就能精神飽滿地迎接每一天升起的太陽。

自信不是財富，但它會帶給你財富。擁有並保持十分的自信，你就擁有發言權，就會得到升遷的機會，就會擁有自己的辦公室，就會承擔新的挑戰，你得到的成功機會也就更大。

開口說話準確、流暢、生動，是衡量職業人士思維能力和表達能力的基本標準，也是考核他是否具備職業競爭能力的重要指標。

一個人如果能把自己的想法或願望清楚、明白地表達出來，那麼他內心一定具有明確的目標和堅定的信心，同時他充滿信心的話語也會感染對方，吸引對方的注意力，直到讓人們相信，他的自信心對他人有著巨大的幫助。

海子曾言：「我有一幢房子，面朝大海，春暖花開……我將告訴每個人我的幸福。」這是一種對生活的自信。

如果想在言談話語間表現出自己的自信，以下幾個方法不妨一試：

運用腹腔呼吸，不要用胸腔來呼吸，這樣聲音才會有力；

說話時把聲調放低，這樣聽起來平穩、和諧，也更顯得性感魅力十足；

說話時配合一些手勢，眼睛看著對方，面帶微笑，可以增強語言的感染力；

每天與自己交談一番，問問自己的表現，說說明天要做些什麼。

所以，現在就開口吧！無論對方是一個人、幾個或一群人，試著把自己心裡話說出來，別在意對方的反應甚至是嘲笑，只管自己是否說的清楚、明白，是否把要說的話都說出來了。只要堅持不懈，一定會有收穫，一定會感到自己的心裡漸漸地充滿自信的力量，說話的技巧也會大有進步。就從現在做起，否則你的自卑情結永遠也打消不掉，那你就永遠別想開口了。

世界因為你變得精彩

確定自己的價值，肯定自己的存在，要相信自己是這個世界上獨一無二的，相信世界因為有你而變得更精彩，這是高調做人的不二法則。

有一隻小麻雀飛到森林裡，看到了一隻孔雀，牠覺得孔雀的翅膀是如此美麗，再看看自己怎麼長的這麼醜，翅膀這麼的小，自卑感油然而生。

到了晚上，小麻雀做了一個夢，在夢裡變成了一隻美麗的孔雀，正興高采烈地展現自己的翅膀時，突然有一隻狼迎面撲來，小麻雀努力地振翅想逃，發現自己已經不能飛翔了，嚇得牠驚醒過來。小麻雀心想還好只是個夢。

第二天，小麻雀飛到一座高山上，牠看到老鷹飛得好高好高，又好威風，自己跟老鷹比起來真是太渺小了。當天晚上小麻雀靠著樹幹睡著了，夢見自己變成了老鷹，任意飛翔於天空好不神氣，但是，牠以前的好友卻都離牠而去，不敢再與牠為伍了。牠突然覺得好孤單，還是當小麻雀的日子比較快樂，醒來後牠慶幸自己還是一隻小麻雀。

看重自己，你就會發現其實自己並非一無是處，保有自己的特性，做個充滿自信的人，你將會是個獨一無二的你！

人不是因為美麗而自信，而是因為自信而美麗。要相信自己是一個奇蹟，每個人生來資質不一樣，長處不一樣，但沒有生來就註定要失敗的人。人生而不同，又何必強求與別人一樣！只要為自己的生活開闢一片天地，辛勤耕耘，總有一天，你的生命會開花結果的。

世界上沒有一無是處的人，每個人都有自己的價值，我們只需要一個合適的位置；就像一塊煤，其貌不揚，只要把它放在火爐中，它就能散發出自己的光和熱。我們只要調整好心態，自信一點，付出必要的努力，劣勢也可以轉化為優勢，因為矛盾的雙方是可以相互轉化的。至於別人在意你身上的缺點和不足，那是凡夫俗子以平常人的眼光來審視你；換一種思維，這也許就是你超過其他人的地方。

我們每個人在世界上都是獨一無二的，世界上只有一個你，要對自己充滿信心。記住：不遭人妒是庸才！

三種類型的人：

第一流人物：你可以很容易的識別這類人。他們是懂得自我推銷的人，他們總是實現者、熱心者。他們從未抱怨，總掛著第一流的微笑。他們是「一分耕耘、一分收穫」的鐵證，也是最後的勝利者。他們有能力以他們的熱情使你的電池充電，他們是你超越的目標。

第二流人物：在每一個辦公室、每一家百貨公司、每一家商店、每一間教室，到處都有這種人的身影。他們總是在尋找可以依靠、可以傾訴的人。他們是生活中的附庸者，也是失敗者。他們是拖人下水的人，所以要和他們保持距離，以避免變成和他們一樣的危險。

第三流人物：這類人可謂是行屍走肉，他們抱著「有什麼用？」的態度。因此，他們比第二流人物更可憐，因為他們未曾盡過一點的努力。遠離他們吧！

每天提醒你自己「我是第一流的」，這就好比植物需要灌溉滋養一樣，你的心靈也是如此。你認為自己是個什麼樣子，就會是什麼樣子。雖然人生道路坎坷，《簡愛》中有一句讓人感動的話：「我貧窮、我低微、我不美，但當我們的靈魂穿過墳墓，站在上帝面前時，我們是平等的。」相信自己吧！

自信就像一盞明燈，是它照亮了我們的人生之路，現在這個社會，人們都在學習古人的傳統美德「謙虛」，但我認為我們更需要的是對自己充滿自信，請相信終有一天會讓世界因我而精彩。

沒有戰勝不了的難題

生活當中我們經常會遇到一些難題，這種所謂的難題，常常會給人造成心理上的壓力，從而導致一個人情緒低落，厭惡生活。

這樣不僅對問題沒有任何幫助，反而會使問題更糟糕。如果心態不好，那你就更不會把問題處理好了。

曾看過一本書，以前有一隻青蛙，遇到乾旱，牠就想挖井找水喝，挖著、挖著，卻挖到一顆大石頭，牠覺得應該不可能挖出水來，於是牠就放棄了，最後渴死了，可是誰知道只要把那顆大石頭搬開，水就湧出來了，所以緊要關頭不輕易放棄，堅持到底的話，絕望也就會成為希望。

面對「放棄」我們不該向它屈服，而是要勇敢的制服它，不要讓它阻礙我們的思想，不要讓它成為我們邁向成功的絆腳石。要記住，可能就在我們想放棄的那一秒鐘，就是堅持降臨在我們身上的那一刻，也是我們正要邁向成功的關鍵，所以在緊要關頭，不到最後一刻，請不要輕易說放棄！

其實，每個問題都隱藏著解決的線索。如果你對問題分析的夠深入，你就能很容易找出解決問題的方法。任何疑難問題最好的解決方法只有一種，那就是能真正切合問題的根本，而去求它的實際。並非把問題複雜化就是對問題的重視，這樣只能增加心理負擔，而起不到任何作用。

我們可以把問題簡單化，首先，仔細的想清楚問題的重點何在？其次，弄明白對方想要的又是什麼樣的結果？找出了問題的根本，知道了對方的心理需求，那麼解決問題的方法就找到了，正所謂「對症下藥」正是這個道理！我們可以借助自身的實際條件，用足夠的智慧，努力找出自己能夠處理的角度，進而滿足了對方的心願，這也就攻破了所謂的難題。

很多人總是在遇到難題的時候害怕，不敢去正視，甚至是逃避，這不僅僅是懦弱，更是不負責任的表現。

人啊！難免會遇到難題和不幸，只是人與人的理解方式不同而已。有的人在難題和不幸中尋找幸福，而有的人在難題和不幸中甘願沉淪；這就形成了人生觀、價值觀的不同。任何的難題和不幸在膽識、智慧和勇氣面前，都顯得那麼的微不足道。你為什麼不拿出一點膽識和勇氣把所謂的難題當作是一種挑戰呢？

當你用自己的智慧，勇敢的攻克這個難題的時候，你戰勝的不僅僅是問題本身，你更戰勝了給你出難題的那個人。

朋友，何必緊鎖著眉頭呢？你要知道，陽光對每一個人都是慷慨的，天空對每一個人都是寬闊的，沒有人會成為你頭頂的烏雲。難題又算得了什麼？那些只是在向你的能力挑戰！自信一點，勇敢一點，拿出你的智慧和膽識逆流而上，誠如高爾基說的那樣：「讓暴風雨來的更猛烈些吧！」你的豪放和灑脫，你的冷靜和坦然迫使對方在心理上不得不接受你，你的自信和勇氣已經讓你成功了一半。

用語言為自己加速

有些事情僅僅依靠我們自己的力量去完成，是可望而不可及的。有時我們往往需要別人的幫助，要別人幫助你，一套過人的嘴上功夫是不可少的。所以說，語言可以成為你發展的加速器一點也不誇張，人們常說：「打蛇打七寸，說話說重點。」就是這個道理。只要你能把話說對了，即便是天大的難事，對方的心也會在瞬間化解而幫助你。

十九世紀法國作家左拉，其處女作《給妮儂的故事》發表時，頗有一番波折。左拉捧著一疊書稿，先後光顧了三家出版商，向他們推銷自己的作品，但都吃了閉門羹。於是，左拉又去找第四家出版商。

左拉來到出版商拉克魯瓦辦公室外面，他心裡不禁打起退堂鼓來，擔心再次遭受拒絕。但是他一定要進去，維護自己的自尊，相信一定有人能賞識他的才華，於是他果斷的採取了行動。

左拉敲了拉克魯瓦的辦公室門，只聽見裡面說：「請進。」

左拉走進了拉克魯瓦的辦公室。拉克魯瓦抬起頭看這個其貌不揚的青年人進來，手上捧著一疊書稿，上面寫著《給妮儂的故事》。於是他問：「你是要出書嗎？」

左拉毫無顧忌地開口就說：「已經有三家出版商拒絕接受這部書稿，您是第四家出版商。」

拉克魯瓦楞住了，要知道從來沒有一個作家會對出版商說自己的作品不受歡迎，如果這樣，書稿肯定出版不了。可是，這個毛頭小子居然一見面就坦率地說自己曾經碰過壁。

不過，左拉隨後又補充了一句：「但我相信我很有才華，您從這本書裡完全可以看得出來。」拉克魯瓦為左拉的坦率所感動，心想他不會是在吹牛吧？不妨先看看他寫得怎樣。

拉克魯瓦發現左拉的確很有才華，又不自吹自擂，為人坦率，便決定為他出版《給妮儂的故事》這本書，並與左拉簽訂了長期的出版合約。

左拉很坦率地告訴拉克魯瓦自己碰過壁，然後又強調自己很有才華，他的話打動了拉克魯瓦，才成功的出版了《給妮儂的故事》。

那麼，怎麼才能把話說好，讓語言成為你的加速器呢？下面來舉個例子。

一次，公司老闆宴請員工，大家舉起酒杯，老闆在每桌前敬酒。酒酣耳熱之際，許多員工都和老闆碰杯，說許多拍馬屁的話。那些基本眾口一詞的阿諛奉承，老闆聽得非常多，根本不可能記得住，老闆也不過是逢場作戲，說一些不著邊際的應酬話，但卻又想表達和員工親近的話。

老闆發現，有一個員工一直沉默不語，也不太喝酒，好像一個人在那裡想什麼問題，老闆怕冷落了這個員工，便端著酒杯走上前。老闆雖然酒酣耳熱，但仍覺得這個員工被別人冷落，便說：「你今天怎麼一言不發，也不喝酒？」這個員工站起來，也端起酒杯，笑了笑說：「不是不想說，而是不願說，客套太多，真情太少，說了也不多，不說也不少，不是沒真情，而是沒心情，不是不想說真話，現在不是說真話的場合。」老闆聽了員工這幾句話，立即拍了他的肩膀說：「什麼也不要說了，今天先喝了這杯酒，改天我們再好好聊聊。」

後來，這個老闆和員工成了無話不說的朋友，員工很快就得到了升職的機會。員工的話為什麼能打動老闆？

在職場上，多的是應酬，是逢場作戲，即使是在宴請下屬時，也不過是一種公關活動，是工作上的需要，並不完全出自於真情。

所以，那樣的場合，不說不合乎規則，說了自己心裡並不舒服。而那個員工的話，是十分簡明地道出了自己沉默的原因，同時也說出了上司的不得不應酬的苦衷，這話雖然只是道出了實情，但卻由於真實地描述了當時兩個人的心境，所以一下子打動了老闆的心。

所以說，語言對於你的成功與否絕對可以起到巨大的潛移默化的作用，甚至起著決定性的作用，不可不練啊！

開口就能領導別人

談話中的領導力量主要表現在是否能說服對方，從而達到自己的目的。

說服是一門科學，用最合理的邏輯演繹自己的結論；

說服是一門藝術，用最動聽的語言敲開別人的心扉；

說服是一門技巧，用最恰當的方式得到預期的目標。

說服別人，是我們在工作和生活中最常遇到的情況。無論是求人諒解、請人做事，還是表明自己的觀點、向別人提出建議；無論是辯論、拒絕，還是推銷、談判；無論是批評、忠告，還是交友、求愛，都離不開說服。達到說服別人目的的手段是多種多樣的，它不僅僅展現在語言上，還展現在事實、行動、氣勢、暗示、沉默，甚至一個細微的動作上。

下面，請讓我們向你介紹最有效、最直接、最簡潔的說服技巧。

1、要善於激發別人講話的願望

談話是一種雙方活動，對方若無講話的慾望，談話不免要陷入僵局。因此，要領導說話者首先應具有細膩的情感、分寸感，注意說話的態度、方式以至語音、語調，旨在激發對方講話的慾望，使談話在感情交流的過程中，完成資訊交流的任務。

2、透過聆聽對方的訴苦拉近與對方的距離

當我們試圖說服對方時，一定要注意聆聽，先讓對方訴訴苦，讓對方把自己看成是苦惱的共同分擔者。這樣，說服起來才能水到渠成，對方也會樂意接受。

在勸說別人的時候，有時不應該把發言權都掌握在自己的手中，而是要讓對方說，從對方的話語中知道對方的想法和要求，這樣，你就可以利用這個機會，滿足對方的要求達到說服的目的。

很多人都不喜歡聽別人嘮叨，所以也不願認真地傾聽。即便你提出的建議是合

理的、對他有利的，對方也會覺得煩。有經驗的說服者，會十分樂意演好一個聽眾的角色，甚至會先放下自己的事情，聆聽對方的牢騷。而對方就會因感受到他們貼心的關懷，從而自覺地向他們靠近，並會樂意接受他們的建議。

約翰和麥克是鄰居，兩家的花園連在一起，中間只象徵性的隔了一道竹籬笆。其實，竹籬笆非常簡易，麥克家的狗可以從那裡鑽來鑽去。這隻活潑可愛的小狗有個陋習，那就是經常鑽過籬笆，到約翰家的花園裡大小便。對此，約翰太太有些不高興，整天清理這些東西，既髒又累。於是，她決定與麥克太太談談，讓他們管好自己的小狗。

約翰太太來到了麥克家，這時，麥克太太正坐在籐椅上，一個人生悶氣。原來，麥克先生昨天忘記了她的生日，沒有給她買禮物，而今天早上也沒有為此事向她道歉。女人都是小心眼的，難怪她生氣。這讓約翰太太很尷尬，她坐下來，決定陪這位鄰居談談天。

女人在一起有很多的話可說，而麥克太太又在氣頭上，更是有千言萬語想向人吐訴。她不停地抱怨自己的丈夫如何粗心，如何忽視她的存在，自己的孩子又如何調皮，如何不聽管教，以及生活中其他一切煩瑣的事情。在整個過程中，約翰太太始終微笑著聽她訴說，從沒有打斷她的話，更沒有提起自己此行的目的。漸漸地，麥克太太心情舒暢了，兩人決定一起到花園裡散步。

當她們來到約翰家的花園裡時，小狗正好在方便，麥克太太非常尷尬，連忙道歉，並叫住了自己的小狗。約翰太太先安慰她說不要緊，請她以後看好自己的小狗。麥克太太當下立即保證，以後再不會有這樣的事情發生。

在這個例子中，約翰太太就是透過聆聽的方式，表示了對對方的關注，從而獲得了對方的好感。

3、要善於表達對談話的興趣和熱情

正因為談話是雙方活動，一方對另一方的講述予以積極、適當的回饋，能使談話者更津津樂道，從而使談話越加融洽、深入。因此，在聽取他人講述時，我們應

注意自己的態度，充分利用一切手段：表情、姿態、插話和感嘆詞等，來表達出自己對講話內容的興趣和對這次談話的熱情。在這種情況下，微微的一笑，贊同的一點頭，充滿熱情的一個「好」字，都是對對方談話最有力的鼓勵。

總之，談話中領導對方的技巧是一門藝術，寥寥幾則方法，是無法窮盡其奧妙的，唯有反覆實踐，細心體會，才能達到高超的藝術境地。

給別人信心，讓自己成功

高調的言詞並不是說要把別人踩在腳下。在某種狀況之下，也是因為要給對方信心，這對於自己的成功是非常必要的。須知，人與人之間的相互尊重，在人類社會有著十分重要的作用。從心理的需求來說，任何一個正常的人，人格、尊嚴、權利等，都希望受到別人的尊重。從發展友誼的需求來說，人不可能在真空中生活，需要友誼，需要朋友，需要知心。而擁有友誼、朋友、知心，是尊重別人的回報。

漢末，黃巾之亂起，天下大亂，曹操坐據朝廷，孫權擁兵東吳，漢宗室豫州牧劉備聽徐庶（三國時著名謀士）和司馬徽（三國時陽翟人，也是著名謀士）說諸葛亮很有學識，又有才能，就和關羽、張飛帶著禮物到隆中（現今湖北襄陽縣）臥龍崗去請求諸葛亮出來幫助他替國家做事。恰巧諸葛亮這天出去了，劉備只得失望的回去。不久，劉備又和關羽、張飛冒看大風雪第二次去，不料諸葛亮又出外閒遊去了。張飛本不願意再來，見諸葛亮不在家，就催著要回去。劉備只好留下一封信，表達自己對諸葛亮的敬佩，和請他出來幫助自己挽救國家危險局面的意思。

過了數日，劉備先吃了三天素，準備再去請諸葛亮。關羽說諸葛亮也許是徒有虛名，未必有真才實學，不用去了。張飛卻主張由他一個人去叫，如果他不願意來，就用繩子把他捆來。劉備把張飛責備了一頓，又和他倆第三次出訪諸葛亮。到達時，諸葛亮正在睡覺。劉備不敢驚動他，一直站到諸葛亮自己醒來，才彼此坐下談話。

諸葛亮見到劉備有志救國，而且誠懇地請他幫助，就出來全力幫助劉備建立蜀漢皇朝，這就是史上著名的三顧茅廬。

有一個年輕人，好不容易獲得一份推銷員的工作，早出晚歸努力了大半年，非但毫無起色，反而在幾個大客戶面前接連失敗。他的同事，個個都做出了成績，他實在忍受不了這種痛苦。在總經理辦公室，他慚愧地說，可能自己不適合這份工作。「安心的工作吧，我會給你足夠的時間，直到你成功為止。到那時，你再要走我就不留你。」老總的寬容讓年輕人很感動。他心想，總應該做出一兩件像樣的事來再走。於是，他在後來的工作中多了一些冷靜和思考。

過了一年，年輕人又走進了老總的辦公室。不過，這一次他是輕鬆的，他已經連續七個月在公司銷售排行榜中高居榜首，成了當之無愧的業務達人。原來，這份工作是那麼適合他！他非常想知道，當初老總為什麼會將一個敗軍之將繼續留用呢？

「因為，我比你更不甘心。」老總的回答完全出乎年輕人的預料。

老總解釋說：「記得當初招聘新人時，公司收到了一百多份應徵的履歷表，我個人負責面試了一半以上的人，最後卻只錄用了你一個。

如果我接受你的辭職，無疑的是，我非常失敗。我深信，既然你能在面試時得到我的認可，也一定有能力在工作中得到客戶的認可，你缺少的只是機會和時間。與其說我對你仍有信心，倒不如說我對自己仍有信心。我相信我沒有用錯人。」

孟子曾說過：「愛人者，人恆愛之；敬人者，人恆敬之。」一個人在與別人交往中如果能理解別人、尊重別人，那麼他一定會得到別人還以百倍的理解和尊重。在與他人交往中，要時時本著為他人設身處地著想，去理解別人、尊重別人、體貼別人，切不可恃才傲物，視他人如同酒囊飯袋一般，用語言去嘲諷、羞辱別人。漫罵、嘲諷、羞辱是一把雙刃劍，在漫罵別人的同時，實際上也是在貶低自己的人格。

一個人必須學會尊重他人，用自己高尚的品德去感染人，用自己敦厚的心靈去善待人，而不是用自己的伶牙俐齒去傷害別人。

第五章　高調做人，你就是老闆的「情人」

在職場上，讓自己成為公司的中堅，成為老闆的心腹大將，成為老闆生命中不可缺少的「情人」，這樣才會迅速累積各種資本，為以後的發展埋下成功的基石。

可是要成為公司的中堅和老闆的「情人」也不是一件容易的事情，怎麼做才會受器重呢？

有些朋友以為只要自己能力突出，就可以成為公司的中堅分子和老闆的心腹，其實不然，你有能力未必會被器重。因為被上司器重和成為他的心腹幹將，能力只是其中的條件之一。

君不見，很多能人志士一直在平凡的職位上終老一生嗎？

如果你要想得到長官或老闆的真正器重和信賴，成為他的鐵杆心腹，就一定要按照我們下面所說的方法努力地打造自己，讓老闆離不開自己。這樣就理所當然地成為老闆的「情人」啦。

樹立你的品牌地位

這是一個「職業品牌」迅速崛起的時代，一個「職業品牌」英雄輩出的時代，一個「職業品牌」得以最大程度彰顯的時代，沒有職業品牌只會湮滅在無數的職業者中而一無所獲。因此，職業品牌是職業人士最寶貴、最核心的資產。擁有較高知名度和美譽度的職業者，不僅可以獲得更多企業的關注和青睞，獲得更高的職業地位和社會地位，從而成就職業巔峰，而且對所服務的企業也有著巨大的推動作用。本書不僅是職場人士在職業生涯發展過程中的好伴侶，同時也可作為企業培訓員工的教材，幫助職場人士找到職業成功的金礦。

在品牌時代，個人品牌已經成為無法複製的職場優勢。美國管理學家湯姆．彼得斯指出：「二十一世紀的工作生存法則，就是建立個人品牌。」在這個經濟全球化、科技創新的時代，我們應該把自己的人生定位在什麼樣的境界？給自己一個什麼樣的成功標準？新的發展階段，要求我們的思想境界、工作標準必須有新的提高。滿足現狀，停滯不前，就意味著要落後。我們唯一的選擇是，樹立更高的標準，追求更高的目標，展現更高的水準。從做一份工作、追求一個事業，轉變到建立個人品牌。」

個人品牌是一個人才寶貴的無形資產，其價值甚至高於人才的有形資產，是無法估量的。員工的品牌意識、認知價值、企業忠誠度和強有力的品牌個性，是人才競爭中必不可少的利器。樹立個人品牌意識，打造個人品牌，就是將你的能力、個性以及獨特品質融為一體，並最大限度地發揮自己的影響，把別人對你的看法變成機會。而且，不只是名人才可以建立自己的品牌，一般人也可以打造自己的個人品牌。人們應當像愛護自己的眼睛一樣，愛護自己的品牌。

塑造個人品牌的中心問題，就是別人如何看待你。無論是公司品牌還是個人品牌，突出的品牌都需要清楚界定自己所代表的東西，以讓目標受眾能夠快速領會。對企業來說，受眾就是它的顧客；對個人品牌來說，受眾就是我們擁有（或者想擁有）的各個關係人。

個人品牌，能維護自身利益並為自己創造利益。你的個人品牌使你成為某個專業領域中的領頭羊，你因此獲得加薪升職的機會，使你的收入不斷增長。在生活和工作中要不斷完善自己，使自己變得不可替代。讓別人離開了你就無法正常運轉，這樣你的地位就會大大提高。當你具有了不可替代性，就等於樹立起了自己的個人品牌，擁有了良好的職業生涯。同樣的工作，用你比用別人工作會完成得更好；用你比用別人工作會完成得更快；用你比用別人完成工作所需的消耗、付出的代價更小。你對公司的價值越大，就越難以被替代。問問自己，現在所在的職位，是不是別人不可替代？如果是，那你就具備塑造成功的個人品牌基本條件。

每一位成功的人，實際上都運用了「定位」的理論。作為二十一世紀最偉大的營銷理論，定位確實有著不可替代的作用，它是個人品牌塑造的基點，其他相關工作都應該圍繞定位展開。尋找強有力的定位，既要考慮自己的特質和「包裝」策略，還要去規劃你想讓別人對你有何種印象，創造與其他企業之間的差異也是非常重要的。

與父親李嘉誠相比，李澤楷屬於那種更有魄力的企業家，他的果斷、大器為其個人品牌打下了深深的烙印，他一直努力在各種場合表現這一主題。人們喜歡把他「小馬拉大車」吞併香港電訊的暴富故事描繪成神話，認為投機的偶然性太大。但是面臨同樣的機會又有幾個人能有三十三歲的李澤楷那樣神速的決策氣魄呢？涉及一百三十億港元的收購項目，只在短短半個月內決定！有記者驚訝於李澤楷五百萬美元的投資項目半個小時就可以決定，但李澤楷卻回答這種傳言絕對是笑話，事實是比這更短。輿論評價李澤楷說：「老超人幹一輩子，不如小超人搞一下子。」足見世人對其果斷、大器作風的認可。

你的個人品牌會不斷增長你的可信度，人們會更加相信你，願意與你打交道也願意與你合作。強大的個人品牌能提高你的威望，不僅你的成就、職位、學識，甚至個人風格都可能帶來威望，它使你行動更有份量，能提升你的經濟價值；強大的個人品牌增加感知價值。當你的個人品牌向別人傳達時，能提高產品的附加價值，因為客戶感到與你建立聯繫，提升了他的價值；強大的個人品牌能得到更多的認可。得到別人的認可是成功的保障，是事關成敗的機會。

多和老闆分享你的想法

人總是站在自己的角度看問題，永遠看不清問題的全部，每一個故事都會有屬於它的死角，就好像員工看自己的老闆，會覺得他難相處。員工與老闆相處可以嘗試學會換位思考：別遇到什麼事都去抱怨別人，站在別人的角度想一想，凡事多溝通，老闆不是高不可攀的，有事情多和老闆談談，讓老闆理解你的意思。

王雷是一家雜誌社的編輯，他的老闆不是學傳媒出身，在很多同事眼裡，他不是文化人卻管著一家雜誌社，好多人暗地裡抱怨：老闆什麼都不懂，卻總要干涉業務上的事情，在他的管理下怎麼可能把事情做好？在開會的時候，老闆會提出一些自己的設想，會議上大部分的同事都點頭稱是，但在背地裡，他們又會偷偷說三道四。

一次，王雷送給老闆一份方案，老闆明明認可了，卻不做出任何確定的回答，任憑王雷向他闡述的如何詳細，還是回覆他稍後。當時王雷覺得非常委屈，但後來他靜下來時想著就想明白了，其實我們有好的方案和議題時，沒有必要一定要讓老闆接受，其實讓他知道你有這個想法，並就想法提出一些你個人的意見就可以了，但要具體；後面的事嘛，如果你的老闆是個開明的老闆，他會知道如何去安排，在這個過程中你的意見是主要的，或者說就照你的意思去辦的，這樣你的計劃或提案很快就會以某種方式全面推行或執行起來。

其實工作中，我們沒有必須一定要讓老闆同意你某個提案或決策；我認為讓老闆知道你的提案，並明確提案對公司的影響（包括有利在那裡，不利的影響在那裡），同時說明你的想法或是意見；沒有必須去要求老闆怎麼做是好、怎麼做是對的，因為我們本身不是老闆，作為合格的員工，我們更多是給老闆提建議，對於某件事怎麼樣做，你的想法和意見，做也不做，怎麼樣是對的，那是老闆決定的。

其實除了原則性的個人問題，在一個企業不管他的大小，最終的決策權是老闆，或者說是老闆身後的董事會，絕不是我們從事員工的人所能決定的；這不是說我們不能參與，而是說我們更重要的是提出議案或更好的建議；或者說發現某個問題要及時調整的，我們要做的就是如何將老闆的「視線」引到這件事，並由他親自重視起來，至於由誰落實那是另外的事。當然怎麼樣操作的過程你要詳細的擬好，也許你的老闆在認為他有更重要事情要處理時，最直接被授權完成的人可能是你或由你團隊協調，然後由某個部門或人去完成。不管採取什麼方式，只要這件事落實了，對你來是說都是一種成功。

實際上，讓老闆知道你的想法是很重要的，特別是在老闆的想法和你自己不一樣的時候，如何對老闆說不，就成了一件需要手腕的事情。在這裡，要記住兩條：

第一，不要傷他的自尊心；

第二，不要傷他的自信心。

在老闆面前表達出自己的想法是很容易獲得賞識的。在工作中有一些獨到見解不是壞事，如果能有個更好的方法向老闆溝通，那一定可以讓你有機會「錐處囊中，其末立見」。

其實在我們討論如何與老闆處理問題的一致性時，更多的應是考慮如何讓自己的想法成為老闆的想法，如何把自己的方案或議題轉成老闆的方案或議題，只要我們在這方面做好了，與老闆的一致性其實也就順其自然了。也許有人要問，這不是有點趨炎附勢或什麼的。其實反過來你想一想，身為員工我們在不能做決策決定時，做一名能夠最大影響決策人的人也是一種成功。

勇於承擔責任

我們經常聽到人們說：某人沒有責任感，不可靠；某人很負責，值得贊賞；某人總是諉過推功，沒有責任心，要儘量避免跟他接觸。任何一種說法離不開責任兩個字，每種說法都對人做了一個深刻的評價，將不可避免地影響到這個人以後的人際關係和事業發展。因此，你需要勇於承擔責任。

說到責任，它有兩層含義。

一是職責之意，即某些事務本就屬於某人的範圍之內，例如：勞動合約明確寫明的員工對企業應盡的義務就屬於此意。

二是負責之意，即某些事務出現了不如意結果以後，能夠積極想辦法補償並接受處罰，承擔由其產生的後果。身為一個職場中的人，兩個責任都是必須具備的。職責加負責構成了責任感，構成了一個人順利發展的堅固基石。

但是在組織當中，責任卻是無法明確截然劃分的。從職責來說，雖然已經有了職責說明，每個人各自均有分工，但是現實當中事情總是複雜的，語言無法預先窮盡，不可避免就有了交叉和不明的狀況。當你的同事繁忙不已向你求助，你又可以幫得上忙，你會棄之不顧嗎？

反過來，你的工作出現忙不過來的情況，你會不會馬上想到在同事當中尋求幫助呢？我想這也就是為什麼人們都認識到了團隊合作的重要性，要求每個人都能互相配合，共同發展。從負責的角度來說，某一項目是一個團隊集體完成的，當其中出現了某些問題，儘管是少數團隊成員造成的，但是它損害到了團隊利益，使團隊工作成果受到質疑，這時即便你的工作沒有什麼失誤，但作為團隊的一員，你怎樣做才是負責任呢？我想應該是以團隊一員的身分，誠心誠意地提出道歉，想方設法儘量彌補過失，減少損失。這一意識已經成為現代企業員工必備的素質之一。

人們往往對於承認錯誤和擔負責任懷有恐懼感。因為承認錯誤、擔負責任往往會與接受懲罰相聯繫。有些不負責任的員工在出現問題時，首先把問題歸罪於外界或者他人，總是尋找各式各樣的理由和藉口來為自己開脫。在很多管理者看來，這些都是無理的藉口，並不能掩蓋已經出現的問題，也不會減輕要承擔的責任，更不會讓你把責任推掉。

沒有責任感的員工不是優秀的員工，沒有責任感的公民不是好公民。缺乏責任感難免會失職，員工與其為自己的失職找尋藉口，倒不如坦率地承認自己的失職。敷衍塞責，找藉口為自己開脫，會讓老闆覺得你不但缺乏責任感，而且還不願意承擔責任。沒有誰能做得盡善盡美，但是，一個主動承認錯誤的員工至少是勇敢的，如何對待已經出現的問題，能看出一個人是否能夠勇於承擔責任。讓人失望的人總是存在。有些員工在感到自己有某方面的責任時，第一意識就是逃避責任。他們會把問題歸因於同事的不是、上司的不是、公司的不是、甚至是客觀環境，他們經常掛在嘴邊的話是：因為某某如何如何了，所以使我……，都是因為某某沒有提醒我……，上司對我的工作不夠支持，才使我……，公司沒有提供某樣的條件，我根本就不可能……，某處如何如何，根本就不能做出成果……理由總比問題多。這樣下去，這樣的員工也許就不用承擔責任了，但是他們同時也就喪失了繼續發展的可能。

你願意做一個不負責任的人嗎？你願意和不負責任的人交往嗎？如果不，那就勇敢地承擔起責任吧。當你擁有了更多的職責，並且很好地完成了它，你就奠定了不斷登攀的台階；當你擁有了負責的砥礪，得到了負更多責任的能力和別人的認可和尊重，你將可能成為承擔更大責任的人，將可能躋身於成功人士之列了。

你需要勇於承擔責任，責任是推脫不掉的，如果硬要推脫，那麼同時也關緊了自己進步的門；責任是承擔起來的，當承擔起來了，大千世界、豐富人生都在你面前不絕而來，讓你盡情地去擔當、欣賞和體會。

更積極主動

沒有老闆會喜歡謙虛、沒有想法的人。在執行力的所有要素中，積極主動的工作態度是核心。

有人說，在執行力中，能力是非常重要的。話是這麼說，缺乏工作能力，執行力就無法得到保證，但工作能力可以很快培養，而工作的態度則很難一時之間培養成功。工作的態度，是一個人從小到大養成的習慣，受到其周圍成長的環境影響，如果在現在的工作環境中，沒有這樣一種氣氛，讓其刻意的去改變這種習慣，則無論能力如何增長，其執行力也不會發生變化。

談到執行力，可能講很多內容，但態度決定一切。只要有了積極主動的工作態度，所有的問題都能得到很好的解決，所有的制度都能得到很好的執行，所有的策略都能得到很好的實施，執行力就能很好的展現。沒有這種積極主動的態度，所謂的執行也只是表面上的，一時的，被動應付的。遇到例外情況時，只能消極等待。

因此，培養自身積極主動的工作態度，在員工周圍營造這樣的氣氛，對組織的執行力建設而言，就是顯得非常關鍵。

1、積極主動的態度會讓人主動尋求答案

如果有了積極主動的工作態度，則在碰到問題時，會積極主動的去想解決辦法，即使自己想出來的辦法很差，但也能保證問題的解決；或者自己想不出辦法時，能積極主動的去請教別人，這種習慣不只是謙虛問題，更是一種做事的態度。相反的，很多人在碰到問題時，不去主動想解決辦法，而是等，等長官指示或別人提醒，像算盤珠一樣，撥一下，動一下。

曉夏是一家文化館的講解員。她回想自己來館裡工作，前前後後也就兩年的時間，對照自己剛工作時是有一定的進步，但是再對照和她一起進館工作的同事已經有很大的差距了。這個差距來自於哪裡呢？她們同樣一起來的，同樣一起培訓的，同樣一起工作的，為什麼她們就比自己優秀，比自己出色呢？她反覆問自己，答案

就是她們比自己能更快的進入狀態，能更快的想出辦法，能更快的付諸行動，而自己總是比她們慢半拍，時間長了，差距就拉大了。

比如說，有一次館裡為了進一步滿足觀眾的不同參觀需求，舉辦了臨時展覽，需要三個講解員，於是主管安排她和其他兩個同事去完成這次任務。剛拿到講解稿時，曉夏非常擔心這麼短的時間裡要熟悉瞭解這麼多的內容有點困難，而且主管只是讓她們熟悉瞭解這稿子，並沒有要求她們非要背熟，所以也就沒有重視。時間一天天過去了，離展覽的日期越來越近，當主管詢問她們背稿子的情況時，其中一個同事說差不多了，在溫習一下就可以，曉夏當時聽了就不知道怎樣表示自己內心的自責。於是她只有利用剩下不多的時間更加努力地去背稿子，來彌補自己工作上的缺失。最後她們雖然都完成了任務，但曉夏完成的質量遠遠比不上那一位準備充分的同事，這讓她明白了，唯有工作中那些積極主動，跑在別人前面的人，才能善於創造和把握機會。

2、積極主動的態度會讓人不斷自我總結

如果有了積極主動的工作態度，在做完事情以後，就能不斷的進行自我總結與回顧，從中發現存在的問題。不只是對事情本身進行總結，還包括處理事情的過程，思維方式、方法，這樣不斷自我總結，既提高了能力，也進一步強化了積極主動、認真負責的態度。對上級負責，對自己負責，對事情負責。如果是這樣的員工，還怕水準不長進，還怕事情做不好？反之，事情結束了，就結束了，沒有任何想法，即使有長進也是有限的。

3、積極主動的態度會讓人特別在乎結果

如果有了積極主動的工作態度，則不在做事過程中主動，對待事情的結果也希望能得到及時的評價。因為他們在做事的過程中，主動用了心思，期望這樣做的事情能得到一個結果，不論結果好壞。

因此，他們在做事時，不只是完成事情，還希望把事情做好，使結果盡可能完

美。他們非常在乎別人對自己的評價，因此，當別人有什麼意見與想法時，都會成為其今後改進的方向。

反之，不在乎結果的人，也不在乎別人的評價，甚至覺得這樣的事與自己沒有關係，或者只是領導的意思，自然沒有長進。

總之，如果你在工作中做到比其他同事更加積極主動，成功的大門也會提前為你敞開的！

做老闆的「蛔蟲」

辦公室裡有政治嗎？如何在辦公室裡遊刃有餘的發揮？在辦公室政治中，最重要的就是如何洞悉老闆的想法。

「老闆肚子裡的蛔蟲」，表面上是罵人的話，指的是逢迎拍馬，但是充分瞭解老闆的思考、動向，以及老闆正在做、正在想的事，絕對是一個聰明部下該做的事。

初入職場的新鮮人常抱有這樣一個美好願望，認為自己來企業是做市場推廣或管理，絕對不是來搞政治。

可惜這種想法往往會變成一種職業理想主義，而在許多倡導個人英雄、老闆意志強烈的企業中，老闆的底線往往就會凝固成企業最基本的價值觀：這是一種雷區與警戒線，任何人都不能貿然去跨越與觸碰，否則將可能引起老闆壯士斷腕。

美國全球競爭力研究院的調查顯示，每個公司都有自己的政治。三人以上的企業會形成某種文化，十人以上的企業會存在勢力幫派，五十人以上的企業必然有公司政治。雖然許多職業經理人都深惡公司政治，但是作為一種公司的附屬物，你可以厭惡、蔑視它，但是你無法迴避它。公司政治是如此如影隨形地深入到公司各個層面。

有人說，公司政治=明線+隱線。相對於老闆願意主動宣揚的價值觀、個人願景等「明線」，老闆的底線往往屬於其不願意明說的「隱線」。

公司「明線」+老闆「隱線」就構成了完整的公司政治。

要想在公司發展，一個成功的經理人不僅能夠遊刃有餘地把握明線，同樣是富有智慧地把握住老闆的隱線，在隱形底線之上揮灑自己的才能。

老闆的底線雖然屬於隱形的翅膀，但也不是完全無跡可尋。與洞察一個人的品格和為人一樣，探尋老闆的底線同樣需要深入的洞察與分析。

從最小的打卡制度、加班制度，到人員任命、利益分配、公司戰略等各方面，我們都可以從中尋覓出一家企業的公司政治的痕跡。

1、從身邊人觀察法

近墨者黑，近朱者赤。以老闆身邊的人為鏡可以知道老闆。仔細觀察老闆身邊最親近、最信任的人其作風、處事風格，往往可以從中判斷出老闆的價值觀與底線何在。

2、小細節觀察法

任何一個再謹慎小心、再善於表演的人，都會有露出真性情的時候。當老闆在激動、狂喜或悲傷之時，其所表現出來喜好與所闡述的言語，往往代表著其內心真實或部分真實的想法，而這也是經理人把握其心理底線的有效途徑。

3、企業老員工溝通法

在許多成立時間較久的企業中，自然有許多老員工。無論是職位高低，企業老員工無形中已經成為企業文化最好的載體，或者成為公司政治的濡染物。他們對公司政治的把握、對老闆喜好的觀察往往非常深入。而這也是職業經理人瞭解老闆底線的最準確信息來源。

作為職場新鮮人，與老闆相處其實就如與朋友相處，要彼此和諧共同發展，必然要把握對方的喜好與底線，投其所好避其所忌，借助對方的支持使自己更順利地實現目標。

對人的把握是必須且必要的，尤其是對老闆的把握。失去他的有效信任與資源支持，任何經理人都難以獲得發展。而這其中最重要的前提就是，明確老闆的隱形底線何在，讓自己在工作中有意去迴避掉，使彼此更加信任。

面對困難，大膽站出來

常言道：「疾風知勁草，烈火見真金。」在困難面前，如果你能夠適時地站出來，老闆一定會對你刮目相看。當某項工作陷入困境時，你若能挺身而出，定會讓上司格外器重。此時，切忌冷漠無助，畏首畏尾，膽怯懦弱。這樣，別人便會認為你是一個無知無識、無情無能的平庸之輩。

某公司部門經理由於辦事不力，受到公司總經理的指責，並扣發了他們部門所有職員的獎金。這樣一來，大家心有怨氣，認為經理辦事失當，造成的責任卻由大家來承擔，所以一時間怨氣沖天，使經理處境非常困難。這時經理秘書站出來對大家說：「其實經理在受到批評的時候還為大家據理力爭，要求總經理只處分他自己而不要扣大家的獎金。」聽到這些，大家對經理的氣消了一半。秘書接著說：「經理從總經理那裡回來時很難過，表示下個月一定想辦法補回獎金，把大家的損失透過別的方法彌補回來。其實這次失誤除了經理的責任外，我們大家也有責任。請大家體諒經理的處境，齊心協力，把公司業務弄好。」秘書的調解工作獲得了很大的成功。

照說這並不是秘書職權之內的事，但他的做法卻使經理如釋重負，心情豁然開朗。接著經理又推出了自己的方案，進一步激發了大家的熱情，很快糾紛得到了圓滿的解決。秘書在這個過程中的作用是不小的，經理當然另眼相看。可見，善於為別人排憂解難，對於更好地工作的確是有利的。

在日常工作交往中，很可能會出現這樣的情況，某件事情明明是上一級主管耽誤了或處理不當，可是在追究責任時，上面卻指責自己沒有及時彙報，或彙報不準確。這時就應該有個妥善的方式去處理。

人非聖賢，孰能無過。主管既然是人不是神，決策就必然有失誤之時。即使一貫正確，群眾中也可能出現對立面。這時，也許有些人站在群眾一邊，與主管對著做，這可就糟透了。這樣做無疑是掉進了晉升道路中難以自拔的陷阱。身為領導人，當最需要人支援的時候你支援了他，你們的關係就可以上升到一個新的層次。

因此聰明的做法是，當長官與群眾發生糾紛時，你應該大膽地站出來為長官做解釋與協調工作，最終還是有益於群眾利益的。實際上，上級與下屬的關係是十分微妙的，它既可以是主管與下屬的關係，也可以是朋友關係。誠然，主管與下屬身分不同，是有距離的，但身分不同的人，在心理上卻不一定有隔閡。

一旦你與上級的關係發展到知己這個層次，較之於同僚，你就獲得了很大的優勢。你也可能因此而得到上級的特別關懷與支持，甚至你們之間可以無話不談。至此，是否可以預言，你的晉升之日已經為期不遠了。

「智者千慮，必有一失，愚者千慮，必有一得」，當你發現決議有問題，若按此辦將來可能出大漏子，就應該鼓足勇氣提出來。要知道，你可能窮盡畢生努力，也不會得到別人的賞識，而抓住這一機會，就可能把你的能力和價值展現給別人，特別是意見未採納，人們更會在後來的失敗中想起你的表現，讚嘆你的英明。

高調去維護老闆和公司的形象

如果你想在這個公司好好做下去，並期望有所發展的話，你必須時刻做到這一點：熱愛你的工作，高調地維護老闆和公司的形象。

頂頭上司對我們的晉升起著至關重要的作用，如果能與他建立良好的關係，我們的晉升就容易得多，否則的話，即使你有一身的本領，也毫無用武之地。因此，如果你有晉升的願望，千萬要和頂頭上司弄好關係。上司也是人，他們也希望能和下屬建立一種友好的關係，每一個上司都不會故意為難自己的下屬，只要你在和上司交往的時候，掌握一定的技巧，多注意些，達到目的就不會很難。

對上司忠心：每個上司都希望下屬對他忠誠，講義氣，重感情，不在別人面前說他的壞話，在困難的時候仍然跟隨著他，而不是背叛他。肆意攻擊、背叛上司，吃虧的是自己，說不定後面有一連串意想不到的報復將會接踵而至。所以，如果你是個天生的反對派，一定要設法加以改變，學會強迫自己保持沉默。

為上司承擔過失：當上司在工作中出現了錯誤時，要勇於把責任攬到自己身上，這樣雖說當時是有點吃虧的，但從長遠來看，是會有大福的。上司心裡肯定也明白，你是為他才這樣的，他會覺得欠你的人情，以後如果你有事情找他幫忙，他肯定會盡力而為。這不只是一種想法、一種觀念，更是一種行動。要在任何時刻都要表現出你對老闆和公司的熱愛，如果你討厭你的公司，或者僅僅把公司當成你謀生的場所，那麼還不如儘快辭職，因為這麼做不僅是對你的老闆的一種傷害，更是對你自己心靈的一種傷害。其實，除了家庭，我們每天在公司工作的時間是最多的，我們應該像熱愛家庭一樣熱愛公司。

瑪麗是紐約一家公司的普通職員，因為學歷不高，公司給她分配的任務就是每天接聽電話，記錄客戶反映的情況，但是她卻做得更多。

每天，她總是提前半個小時就到達辦公室，當其他同事來上班的時候，她已經把辦公室打掃得乾乾淨淨，辦公桌也被她擦洗過了，整個辦公室因為有了她而變的更加清潔和美觀。在工作上，她總是盡自己最大的能力多做一些，在她的眼裡，完成自己的任務還遠遠不夠，她總是想方設法多為公司做一些事情，她這樣對我說：「我愛我的公司，它已經成為我生命的一部分。」

其實每個公司的職員都應該向瑪麗學習，也許你比她更有能力，也許你比她更有學識。

但是，如果你沒有瑪麗這種熱愛公司的精神，你是難以在公司裡取得卓越的成績。我生平最瞧不起的人就是那種自以為自己有很高的能力，卻不屑於做普通工作的人，他們到哪裡都是眼睛只盯著薪水，而且還只想做輕鬆的工作，這樣的人永遠也不會有任何成就。

如果你想進入一個公司的話，一定要謹慎地選擇。因為當你選擇一個公司並成為它的員工的時候，就意味著你踏上了一艘船，從此這艘船的命運就和你的命運牢牢地聯繫在一起。公司是船，你就是水手，讓船乘風破浪，安全前行，是你不可推卸的責任。一旦遇到了風雨、礁石、海浪等種種風險，你都不能選擇逃避，而應該努力使這艘船安全靠岸。對每個員工來說，與公司的命運永遠都是你的神聖職責。因為，公司的命運將直接影響到你個人的前程。

荷蘭菲利浦電器公司總裁日思達曾說：「目標、信念與人構成三位一體，形成企業形象，而企業形象，實質就是企業員工個人形象的集合。身為企業的一員，精心維護企業形象當是責無旁貸。」

我們生活在社會中，企業就像自己的名片一樣。企業有了良好的社會聲譽才能在激烈的市場競爭中得到生存和發展，個人的價值才能得到實現。如果企業的聲譽、形象受到損害，個人的價值也同樣會受到損害。

你就是老闆眼中的重磅炸彈

如果你想要成為老闆眼中的重磅炸彈，就要增強自己的爆發力。爆發力是指在最短時間內使器械(或人體本身)移動到儘量遠距離的力。顧名思義，這種力就像火藥爆炸一樣，能在一瞬間崩發出巨大的能量。「不鳴則已，一鳴驚人」的效果將使你成為當之無愧的重磅炸彈！

戰國時代，當時齊國的威王，本來是一個很有才智的君主，但是在他即位以後，卻沈迷於酒色，不管國家大事，每日只知飲酒作樂，而把一切正事都交給大臣去辦理，自己則不聞不問。

因此，政治不上軌道，官吏們貪污失職，再加上各國的諸侯也都趁機來侵犯，使得齊國瀕臨滅亡的邊緣。雖然，齊國的一些愛國之人都很擔心，但是，卻都因為畏懼齊王，所以沒有人敢出來勸諫。淳于髡知道這點後，便想了一個計策，準備找個機會來勸告齊威王。

有一天，淳于髡見到了齊威王，就對他說：「大王，為臣有一個謎語想請您猜一猜：齊國有隻大鳥，住在大王的宮廷中，已經整整三年了，可是牠既不振翅飛翔，也不發聲鳴叫，只是毫無目的的蜷曲著，大王您猜，這是一隻什麼鳥呢？」

齊威王本是一個聰明人，一聽就知道淳于髡是在諷刺自己，像那隻大鳥一樣，身為一國之尊，卻毫無作為，只知道享樂。而他實在也不是一個昏庸的君王，於是沈吟了一會兒之後，便毅然的決定要改過，振作起來，做一番轟轟烈烈的事，因此他對淳于髡說：「嗯，這一隻大鳥，你不知道，牠不飛則已，要飛就會沖到天上去，牠不鳴則已，一鳴就會驚動眾人，你慢慢等著瞧吧！」 從此齊威王不再沈迷於飲酒作樂，而開始整頓國正。首先他召見全國的官吏，盡忠負責的就給予獎勵；而那些腐敗無能的則加以懲罰。

結果全國上下，很快就振作起來，到處充滿蓬勃的朝氣。另一方面他也著手整頓軍事，強大武力，奠定國家的威望。各國諸侯聽到這個消息以後都很震驚，不但不敢再來侵犯，甚至還把原先侵佔的土地都歸還給齊國。齊威王的這一番作為，真可謂是「一鳴驚人呀！」

在職場中，「一鳴驚人」將為你的職業生涯鋪平道路。

安德列．卡耐基是美國賓夕法尼亞州一座停車場的電信技工。一天早上，調車場的線路因為偶發的事故，陷於混亂。此時，他的上司還沒上班，該怎麼辦？他並沒有「當列車的通行受到阻礙時，應立即處理引起的混亂」這種權力。如果他膽大包天地發出命令，輕則可能捲鋪蓋走路，重則可能鋃鐺入獄。

一般人可能會說：這不關我的事，何必自惹麻煩？可是卡耐基不是平平之才，他並未畏縮旁觀！他私自下了一道命令，在文件上簽了上司的名字。

當上司來到辦公室時，線路已經整理的與從來沒有發生過事故一般。這個見機行事的青年，因為露了漂亮的這一手，大受上司的稱讚。公司總裁聽了報告，立即調他到總公司，升他數級並委以重任。從此以後，他就扶搖直上，誰也擋不住了。

卡耐基事後回憶說：「初進公司的青年職員，能夠跟決策階層的大人物有私人的接觸，成功的戰爭就算是打勝了一半。當你做出份外的事，而且戰果輝煌，不被破格提拔，那才是怪事！」

所以，如果你有不平凡的才能，就好好地運用吧！將它發揮出來，你距離成功也就不遠了！

把見解移植到老闆腦中

身為部屬，要想把自己的見解移植到上司頭腦中，對上司個性、愛好之瞭解是必不可少的。

自己的上司個性是張揚還是沉穩？喜歡聽你報喜還是報憂？凡此等等都應當摸清楚，這並非只是個投其所好的問題，關鍵是想讓他將你的建議聽進去。

有以下幾種方法可以採用：

1、選擇表述的時機

西方有句俗話：送的禮物好不如送禮的方式好。意思是好的方式更容易為別人接受，受人喜愛。所以，作為部屬應當重視自己諫言時機的把握，尤其是當上司主動徵詢意見的時候，更應當公開地表達出自己的獨特見解與主張，或者講述出自己的某種傾向，這樣為自己的才能找到表現的機會，同時也能在上下級之間形成交流與共鳴。

在恰當的時間、地點說恰當的話才能達到最佳效果。一天的開始，往往是總經理事情多而繁忙的時候；快下班時，又是疲倦心煩的時候。通常在上午十點左右或午休結束後的半個小時裡，是一個人比較容易聽取別人建議的時候。因此，選擇企業主管時間充分、心情舒暢的時候，往往會收到比較滿意的效果。

美國第二十八任總統伍德羅．威爾遜，在他鞍前馬後工作的許多人，都覺得他是「一扇老橡木做的門」，任何新鮮的意見都被毫無例外地拒之門外。威爾遜有才能、自負，所以對別人的意見往往瞧不起，要麼不採納，要麼根本不予理睬。

但是，有一個人是獨一無二的例外，這個人就是他的助理豪斯。豪斯有什麼絕招呢？豪斯自己說，有一次他被單獨召見，他明知總統不容易接受別人的建議，但還是盡自己所能，清楚明瞭地陳述了一種政治方案。因為他苦心研究過，自認為相當確實可行，所以說得理直氣壯，然而他沒有得到與其他同事不同的命運。

威爾遜當下表示：「在我願意聽廢話的時候，我會再次請你光臨。」但是數天之後，在一次宴會上，豪斯很吃驚地聽到威爾遜正在把他數天前的建議，作為總統自己的見解公開發表！這件事，使豪斯大徹大悟，懂得了向總統貢獻意見的最好方法：避免他人在場，悄悄把意見移植到總統的心中。開始，使總統不知不覺地感到興趣，然後使這計劃可以作為總統自己的「天才構思」而公之於眾。

最後，使總統堅定不移地相信是他本人想出了這個好主意。換句話說，不用強調某某計劃是豪斯的主意，為了使一個好的計劃被總統採納，他得自願犧牲「版權」，而把「版權」讓給總統，並且是悄悄的、神不知鬼不覺的轉讓。這樣，他的計劃就能順利地被總統採納。

例如，一九一四年春季，豪斯奉命赴法國做外交上的接洽。出發前，威爾遜原則上同意了豪斯的計劃，但態度相當謹慎，距離被正式批准還相當遙遠。豪斯到巴黎後不久，寄回了他與法國外長的談話記錄。在談話中，豪斯把自己想出的、經總統謹慎同意的計劃，說成是總統的創見，並熱烈讚揚說，這是天才，勇氣，先見之明的表現。看了記錄，威爾遜總統毫不猶豫地正式批准了這個計劃。計劃的實施，給兩國帶來巨大的利益。豪斯為自己實際發揮的作用由衷地高興。同時威爾遜總統也更加由衷地喜歡豪斯，對他更加倚重。

但有一件事是永遠心照不宣的：豪斯從來不曾表示某項計劃是他想出來的。若干年後，豪斯說：「我不願意稱那些計劃是我的，並不僅僅出於討總統喜歡。我的計劃充其量是一棵樹種，要長成參天大樹必須有土壤、水分、空氣和陽光，只有總統才有這些條件。把樹種變成大樹的，公平地說是總統，我只不過把種子移到了總統心中。」

2、提供有用的資訊

從某種意義上說，上司是靠下情來把握大局、統領一班人馬的，所以作為下屬，如果能敏感地注意到工作中、人事中的種種情形，在諫言時便可以主動地向上司提供相關資訊，從而使雙方形成互動互助的關係，自己也能在諫言中展示能力，進而為自身的發展創造更大的空間。

3、坦誠而委婉的爭辯

能夠在上司面前坦誠的傾訴，這不僅是個膽量問題，也是個技巧問題。有時候，以自我批評、直抒心腑的方式出現，比有損上司面子的據理力爭或者辯護的效果好得多。

總之，如果能在與老闆溝通時，保持尊重而不吹捧，請示而不依賴，主動而不越權的態度，並把握溝通中圍繞以公司利益為核心的原則，相信你的見解一定能夠成功的移植到老闆頭腦中的。

老闆不在，你要成為舵手

老闆不在，你應該怎麼辦？

在這裡，優秀的人要展現出兩個方面的素質，那就是：主動性和自我管理性。

優秀工作者從以下幾個方面來展現主動性：承擔自己工作以外的責任；為同事和團體做更多的努力；能夠堅持自己的想法或項目，並很好的完成它；願意承擔一些個人風險來接受新任務；他們總站在核心路線旁，那是一條使所有工作者和管理者通向使用戶滿意，並給公司帶來極大收益的道路。

某家ＩＴ公司的銷售部經理，有一天他到一家銷售公司聯繫一款最新的列印設備的銷售事宜，因為是一款定位為大眾化的新產品，並且廠家即將開展大規模的廣告宣傳，為爭取更大的市場營業額，對經銷商的讓利幅度也非常大。這位銷售部經理決定在媒體大量宣傳報導之前，與一些信譽和關係都比較好的經銷商敲定首批的訂量。

不巧的是，和他一直保持密切業務關係的那家公司老闆不在。當他提起即將推出的新產品時，一位負責接待他的員工冷冷地說：「老闆不在！我們可做不了主！」

這位銷售部經理繼續把廠家準備如何做該款的宣傳，需要經銷商如何配合進行管道開拓的設想向這位接待人員講解，試圖得到他的理解和回應。但是，讓他失望的是，那個人根本不聽他的解釋，只用非常簡單的一句話搪塞：「老闆不在！」

這位銷售部經理沒有任何辦法，只好悻悻然地走了出來。

他來到有業務聯繫的第二家公司。不巧的是，這家公司的老闆也不在。雖然很失望，這位銷售部經理還是想試一試，看能否說服接待他的人。

接待他的是一位新來不久的女青年，不僅面容姣好，惹人憐愛，工作也特別有熱情。當得知他是來自一家著名的ＩＴ公司的銷售經理時，她立即表現出了一個公司員工應有的熱情，馬上倒了一杯水給這位銷售部經理，還主動介紹了自己的情況。

這位銷售部經理向她說明了來意，她以自己剛學到的營銷知識，敏銳地感覺到這是一個不錯的商機，無論如何不能因為老闆不在就讓它白白溜走。她主動要求第二天就為他們公司送貨，其他具體事宜等老闆回來以後再由老闆定奪。

結果很清楚，第二家公司的員工當老闆不在的時候，員工的熱情等於為公司談成了一樁生意，這款產品在整個市場上只有它一家經營，不到一個月銷售額就達到了六百多萬。而第一家公司的員工卻因為老闆不在而喪失了很好的商機，等再要求補貨的時候，這位銷售部經理在極不情願的情況下為他們加了幾件貨，但此時已經失去了獲得廠家促銷期的優惠待遇，利潤自然大打折扣。

這位銷售部經理後來把這件事告訴了第二家公司的老闆，老闆當然非常高興，對他招聘的這名員工非常滿意，不僅在公司全員大會上表揚了她，並且對她進行了獎勵，鼓勵她繼續把公司的事情當成自己的事情做。

對於第一家公司那個員工的行為，這位銷售部經理沒有告訴他們的老闆，怕他因此懲罰甚至開除那個員工，雖然這並不關員工的事，老闆既然沒有授權，員工當然可以不管，但是公司的業務不能因為老闆不在而擱置下來。

當然，如果追究起來，責任不在員工，員工完全可以藉由老闆不在推脫一切責任。但是，一個優秀的員工永遠不會缺乏主動工作的精神，永遠都會保持自動自發的精神，他們懂得為自己負責，更懂得要為老闆負責，為公司負責，優秀的自我管理者並不僅僅關心花在每項活動上的時間。他們會優化所有的活動，做那些與核心工作緊密相關的工作。核心路線是直接的、增值的路線，能使你的工作讓顧客滿意，公司收益。因此，要做到優秀的自我管理，第一步就是評價一下你的工作是否與核心工作緊密相關。

否則，當公司裁員時你將是其中的一位。你只有兩種選擇，要麼找到與核心路線的聯繫，要麼另謀工作。

下面再來說說自我管理。優秀工作者們使用以下方法管理自己：

找到公司的核心路線，並懂得如何使公司獲益。

選擇那些最感興趣的，能夠使他們發揮最大才能的工作和項目。

他們經常思考和改進自己的工作。

他們觀察別人的日常工作，並採納那些對自己有價值的工作方法。

他們嘗試著在工作中做一些改變，以培養更好的習慣。

他們會向管理者建議改變一些工作紀律，以便能夠更好的完成工作。

他們會採取一些行動，以盡可能的在工作時間不受干擾。

他們會在工作計劃中留出一些時間，以解決意想不到的困難或失誤。

他們的工作習慣是依輕重緩急，來安排計劃以避免不必要的耽擱。

他們學會接受偶然的幾天或幾個星期的工作低潮。

他們瞭解自己的工作規律，而不會按照死板的規律工作，或是拚命工作十四個小時後，累得好幾天無法工作。

自我管理可以使你對自己的工作負責。一旦你的老闆不在時，你將可以自己控制自己的工作節奏。

總之，老闆不在，你就是自己的老闆。不管老闆在不在，也不管別人有沒有看到，一定要自己讓自己努力，因為收穫最大的是你自己。

積極溝通，忠言不逆耳

與上級交往和與其他人交往一樣，都需要進行溝通。上級也是人，同樣存在七情六慾，不熟悉上級的心理特徵，就不能進行良好的情感交流，達不到情感的一致性。上級與下屬的工作關係，不能完全拋開情感關係。上下級之間雙方心理上接近與相互幫助，會減少互相之間的摩擦事件和衝突，反之，情感差異很大，就免不了要發生心理碰撞，影響工作關係。

《戰國策》中「觸龍說趙太后」一段，能很好的說明這個問題。趙太后剛當政時，秦國發兵進犯，形勢危急。趙國向齊國求救，而齊國卻要趙太后最疼愛的小兒子長安君做人質，才肯出兵。

太后捨不得讓長安君去，大臣們紛紛勸太后以國事為重，結果君臣關係鬧翻了。太后說：「有夫言令長安君為質者，老婦必唾其面！」君臣關係形成了僵局。

這時候，左師求見，他避而不談長安君之事，先從飲食起居等有關老年人健康的問題談起，來緩解緊張氣氛，寄託太后關心一下他的小兒子舒棋，引起太后感情上的共鳴。太后不僅應允，而且破顏為笑，主動談起了憐子問題，君臣關係變得和諧、融洽起來。

這時，觸讋因勢利導，指出君侯的子孫如果「位尊而無功，俸厚而無勞」是很危險的，太后如果真疼愛長安君，應該讓他到齊國做人質，以解趙國之危，為國立功，只有這樣，日後長安君才能在趙國自立。這番人情人理的勸導使太后幡然醒悟，終於同意長安君入齊為人質。試想，觸讋不掌握太后憐子的心理，勸說不僅不能夠成功，還真有可能受「唾其面」之辱。瞭解、熟悉上級的心理特徵是為了更好地處理工作關係，不應當懷有個人動機，投其所好，以達到取悅上級之目的。

領導者的工作需要得到上級的支援和幫助，為了組織的共同目標對上級有時要進行建議和規勸，這些離開良好的心理溝通是無法奏效的。社會心理學研究認為，交往頻率對建立人際關係具有重要作用。對上級不交往，採取迴避態度，很難和上級的認識取得一致，沒有一致的認識，相互之間的支持、協調、配合都將大受影響。

服從上級的領導，不要對上級採取抗拒、排斥態度。下級服從上級是起碼的原則。一般情況下，上級主管的決策、計劃不可能全是錯誤的，即使有時上級從全盤考慮出發，與小部門利益發生了矛盾，也應服從大局需要，不應抗拒不辦。更何況有的人因為與上級產生了矛盾，明知上級是對的，也採取抗拒、排斥態度，那更是不應該的。

感情不能代替理智，上級處理工作關係，不僅有情感因素，更要求理智地處理問題。抗拒、排斥不是改善上下級關係的有效途徑。下屬與上級產生矛盾後，最好能找上級進行溝通，就算是上級的工作有失誤，也不要抓住上級的缺點不放。及時的進行心理溝通，會增加心理相容，採取諒解、支援和友誼的態度。

敢於指出和彌補上級的失誤，但不一定用逆耳之言。上級做決策、訂計劃、實施指揮，囿於各種限制，難免會出現失誤。發現上級失誤之後，不能為討上級歡心，按其所好，助其蔓延，也不能害怕上級不高興，沉默不語，而應當及時指出，使失誤儘快得到糾正。這樣才能減少損失，否則，錯誤的決策、計劃蔓延發展，總有一天不僅要禍及組織，而且會禍及自身。

當然，指出上級的錯誤不一定非要用逆耳之言。有些人認為「忠言逆耳利於行，良藥苦口利於病」，但是他們不知道，如果能達到治病的目的，忠言不逆耳、良藥不苦口豈不是更好。指出上級的失誤，不一定開口就大講其弊，開口就說人家錯了，有時上級心理不一定承受得了，不妨採取點以迂為直的戰術，走走迂迴路線，這樣有可能收到更好的效果。

觸讋說趙太后，通篇沒有逆耳之言，沒用激烈的言詞，在和諧、友好的氣氛中，成功的幫助太后糾正了失誤，他的批評方法值得借鑒。指出上級失誤不能是竹筒倒豆子，傾完拉倒，要考慮怎樣才能讓上級接受。

否則，批評完了，或者發了一通牢騷，不僅不起任何積極作用，而且還會增加摩擦和衝突。要設身處地從上級角度想問題，不要讓上級所難。上級要關心、幫助、支持下級，這是不言而喻的。

但是在人際交往中，特別是在對上級交際中，下屬經常會發生心理障礙，即不設身處地考慮上級在實際工作中遇到的情況，脫離現實主客觀條件對上級提出要求，如果達不到，則進行發難。上級工作也有上級的難處，作為領導者，如果能經常想想自己也不能事事滿足下屬要求，就會理解上級的困難，體諒上級的苦衷，不給上級增加無法解決的難題。

勇敢去敲老闆的門

傳統觀念一直教導我們要埋頭苦幹，要含蓄內斂。不要大肆張揚自己，更不能因為自己有某種能力、某些貢獻去找老闆講條件，尤其不能伸手要位置。表現得好，老闆自然看得見，該是你的，遲早會屬於你，多年的媳婦才能熬成婆。萬一老闆患了「近視、老花」，日理萬機，看不見有些死角怎麼辦呢？

奉勸年輕人，出了社會，什麼時候你該離開，什麼時候你知道有沒有前途，你要敢於敲你老闆的門。要常常去問老闆，我有哪些缺點，你告訴我，要怎麼做才能做到A甚至A＋。你要加薪呀，總不能活得醉生夢死。所以五年、十年、十五年你該不該轉業，不要走冤枉路，要敢於去問老闆，他會讓你清楚自己的方向！

雖然要有遠大的目標，但路要一步一步走。經常會去敲老闆的門，問老闆自己最近還有什麼做得不好需要改進的，有時工作做完了還要會主動問老闆新的任務。要敢於向老闆提出意見和建議，這是因為一個成功企業的老闆是能夠聽進去忠言的，而如果聽不進去，這個企業就不會有很大前途。

當職員要儘量到不同部門工作，才能瞭解更全面的知識。還要勇敢地問上司：我什麼時候可以成為你？

每個人都有兩個「自己」，一個是你自己認識的「自己」，一個是別人看到的「自己」。嘗試變經驗，經驗變智慧，這是一個良性循環。應該去碰一切沒有碰過的東西，要想想你未來要做什麼，而不是只盯著現在。

其實，敲老闆的門，這裡的老闆不僅僅是頂頭上司，可以是任何人，你的導師，你的同學，你的父母，那些可以提供你資訊對你有幫助的人。你可以藉此瞭解別人對你的看法，哪些可以改進。人的自我認識和別人的看法往往有較大區別。只有多問才能獲得大量的樣本，提供更多有效資訊。

第六章　要做一個非凡的人

凡是成功的人士無不是首先學會「高調做人」的！沒有高調做人的風格，就很難在為人之中得到別人的尊敬與款待，也不會在人際關係上左右逢源，更不會在提拔職位上捷足先登。但要想高調做人，就要試圖培養自己身上一些高調的因素，即一些不同於他人的非凡品質。

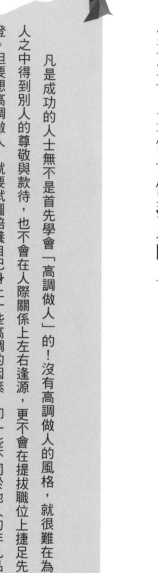

時刻懂得高調做人的你，一定要做一個虛懷若谷的人；一個光明正大的人；一個博學好問的人；一個虛心謹慎的人；一個居安思危的人；一個高瞻遠矚的人。高調做人，你從來就不應該有斤斤計較那些雞毛蒜皮的個性；你從來就不應該有自吹自擂那些風花雪月的個性；你從來就不應該有一意孤行那些爭名奪利的特性。

高調做人，你必須在禮尚往來之中仍然保持自己的溫文爾雅；使得你在雷厲風行之中，仍然堅持自己的遠見卓識；使得你在退避三舍之中，仍然把持自己的臥薪嘗膽；使得你在高屋建瓴之中，仍然支持自己的運籌帷幄。

高調做人，不是那種自以為是的輕浮，而是這種光明磊落的穩重；不是那種自命清高的輕蔑，而是這種胸無城府的坦然；不是那種自圓其說的輕飄，而是這種默不做聲的深沉；不是那種自我作古的輕視，而是這種秉公無私的亮麗！

和優秀的人為伍

心氣高的人，他會有顆永遠向上的進取心，如果起點高了，就等於給自己增加勝算的機率。人生路很長，關鍵的只有幾步，而那幾步其實就是機會。機會不是什麼天外來物，而是人帶出的，優秀的人顯然會帶給你更好的機會。更重要的是與優秀的人相處，可以學到優秀之人的處世為人之道，擴大自己的視野，這是無價之寶，因為只有心大了，天空才真正遼闊。

有這樣一個寓言故事：一顆鷹蛋被放到了一個母雞的巢裡。結果這顆蛋被母雞孵化成了一隻小鷹。這隻小鷹自以為也是一隻小雞，每天做著與母雞一樣的事情，在垃圾堆裡找食物吃，與其他母雞嘻戲，像母雞一樣咯咯地叫。牠從來沒有飛過幾尺高，因為母雞們只能飛這麼高。牠完全認為自己就與母雞一樣。一天，牠看見一隻鷹在萬里碧空中展翅翱翔，就問母雞：「那種美麗能幹的鳥是什麼？」

母雞回答說：「那是一隻鷹，牠是一種非常了不起的鳥。你不過是一隻雞，不能像牠那樣飛，認命吧。」

於是，這隻小鷹接受了這種觀點，也不嘗試著去飛，沒有想過與母雞們做不一樣的事。由於沒有鷹去影響牠，牠只有與母雞為伍，缺乏遠見，結果喪失了鷹的特長，像雞一樣度過了自己的一生，也像雞一樣最後死去。多麼可惜啊！牠本來能像鷹一樣地飛，但卻習慣於周圍母雞的影響，最終造成了這種悲劇。

我們的生活也不有類似的不幸嗎？本來你是優秀的，但你周圍無用的人影響了你。就像奧利弗・溫戴爾・霍母斯所說的一樣，生活中最不幸的是，「大多數人帶著未演奏的樂曲走進了墳墓」。由於缺乏積極影響你的人，缺乏一個遠見卓識的人，我們是難以取得卓越的成就。

如果你想像鷹一樣在空中翱翔，你就得學會鷹飛翔的方法；如果你結交有成就者，你就將成為一個有成就的人；如果你結交思想家，你就將成為一個思想家；如果你結交愛發牢騷之人，你也將成為一個發牢騷者。近朱者赤，近墨者黑；物以類聚，人以群分。

讓我們再來看一個真實的故事：一次戰爭結束後，將軍十分贊賞的對一個士兵說：「孩子，在整個戰鬥中，你最堅定的與我在一起，幾乎沒有離開我一步。」那士兵說：「是的，將軍！上前線的時候，父親就告訴我，打仗的時候，緊緊跟著將軍是最安全的！」「你父親是做什麼的？」將軍好奇的問。那孩子說：「他是個老兵。」

其實，不僅想保命的士兵要與將軍在一起，想當將軍的士兵也要尋找機會與將軍為伍。道理很簡單：跟優秀的人在一起，只會使你變得更優秀。

加拿大前總理克雷蒂安在小時候得了一種病，結果一邊耳朵失聰，講話嘴巴也歪向一邊。其他小孩子喜歡嘲笑他，但是他有了新的去處，只跟大人玩，因為大人更懂事，不會欺負他，從此他學會了與「比自己高的人」相處，一直到自己成為最高的人。

優秀的人，他們的心態會影響我們。他們能夠想最好的、做最好的、期待最好的。因此，在我們追求成功的過程中，要多跟優秀的人接觸，將全部心思用在提高自我上，雄心大志而無所畏懼，胸懷寬廣而常樂無憂。這樣，成功也就離你不遠了。

擦亮眼睛，抓住貴人

在每個人的人生旅程中，除了具備良好的做人品德，還需要有成就大業的基礎和能力，它包括知識、人脈、經驗、眼界、駕馭事業的能力，當然重要的還是需要很多貴人的協助。貴人不一定是比你權力大、地位高、財富多的達官顯貴。在你的上司、同事、朋友、下屬、競爭對手中也常常有你的貴人，或許他們就是幫助你扭轉乾坤、改變命運的人。

根據現代社會的交際觀念，社交有三個基本目標。我們不能只強調資訊共用、情感溝通而拒絕相求相助。我們不能把相求相助都當成勢利來看待。為了相求相助而社交，這不是勢利，這是人類有別於其他動物的一種社會行為。

我們不妨設想，有這麼一個人，他既不能與你資訊共用、情感溝通，也不能與你相求相助，你會與他交朋友嗎？。可見，人際交往還是有選擇的，選擇就是一種目標的展現。

讓我來舉個例子。唐代京城中有位竇公，聰明伶俐，極善理財，但他卻財力綿薄，難以施展賺錢本領。沒有辦法，他先從小處賺起。

他在京城中四處逛蕩，尋求賺錢門路。某日來到郊外，卻見青山綠水，風景很美，有一座大宅院，房屋豪華。一打聽，原來是一權要宦官的外宅。他來到宅院後花園牆外。但見一水塘，塘水清澈，直通小河，有水進，有水出，但因無人管理，顯得有點零亂骯髒。竇公心想：生財路來了。水塘主人覺得那是塊不中用的地，就以很低的價錢賣給了他。

竇公買到水塘，又湊借了些錢，請人把水塘砌成石岸，疏通了進出水道，種上蓮藕，放養上金魚，圍上籬笆，種上玫瑰。

第二年春，那名權要宦官休假在家，逛後花園時聞到花香，到花園後一看，直饞得他流口水。竇公知道魚兒上鉤了，立即將此地奉送。

這樣一來，兩人成了朋友。一天，竇公裝作無意的談起想到江南走走，宦官忙說：「我給你寫上幾封信，讓地方官吏多加照應。」

竇公帶了這幾封信，往來於幾個州縣，賤買貴賣，又有官府撐腰，不幾年便賺了大錢，而後又回到京師。

他久已看中了皇宮東南處一大片低窪地。那裡因地勢低窪，地價並不貴。竇公買到手之後，雇人從鄰近高地取土填平，然後在上面建造館驛，專門接待外國商人，並極力模仿不同國度的不同房舍形式和招待方式。所以一經建成，便顧客盈門，連那些遣唐使們也樂意來往。同時又闢出一條街來，多建妓館、賭場甚至雜耍場，把這條街建成「長安第一遊樂街」，日夜遊人暴滿。不出幾年，竇公賺的錢數也數不清，成了海內首富。

竇公的例子說明了抓住你生命中的貴人是非常重要的，這需要有獨到的眼光和明晰的判斷力。

春秋戰國時期，齊國的管仲輔佐齊國國君齊桓公，成為春秋時代的第一位霸主。歸根究底，管仲成功的原因，就在於他的忠誠兄弟鮑叔牙發揮了作用，成了他前途上的貴人。

因為是鮑叔牙說服齊桓公，寬恕了曾經為了幫助公子糾與齊桓公爭奪齊君之位而暗殺他的管仲。鮑叔牙勸齊桓公，如果想當天下的霸主，就要放棄私仇，拜曾經傷害過自己的仇人管仲為相。結果，齊桓公相信了鮑叔牙，管仲才得以出人頭地。

人生中不可無貴人，貴人之所以「貴」，是他們的能，在某些方面給你幫助和指點。

人生中不可無貴人，只要你用心去留意、去觀察、去把握，只要你學會對每個人熱情相待，學會把每件事做到完美，學習對每一個機會都充滿感激，並隨時與你周邊的人保持親密的關係。貴人就會在無意之中、在你需要的時候、在你陷入困境時來到你的身邊。

人生不可無貴人，成功的道路坎坷難走，在成功的道路上越擁有廣泛的人際關係，累積你的「人際儲蓄」，你就有著更大的機會能獲得貴人的相助。只有讓貴人賞識你、信任你、認識你，才能贏得貴人的幫助。你就可以在自己選擇的道路上，架起一座通往成功的橋樑。

做一棵招風大樹

樹大招風，出自吳承恩《西遊記》第三十三回：「這正是樹大招風風撼樹，人為名高名喪人。」比喻人出了名或有了錢財就容易惹人注意，引起麻煩。

有句俗話，叫「槍打出頭鳥」，於是幾千年下來，不知有多少好鳥沒敢出頭，即使是在沒有獵人的時候。還有一句，叫「樹大招風」，於是多少年過去，不知道少了多少棵參天大樹，即使在沒有風的歲月裡，就怕還沒長成就被夭折。

既然不能出頭，就只能退而求其次，唯求自保，於是有多少的鳥兒、樹兒與其出頭挨槍子、夭折倒不如平淡一生，隨遇而安。如此一來，那就不知有多少該長成鳳凰的鳥兒沒敢出頭；有多少能頂天立地的大樹沒能參天！

事實上在我們的社會裡，有更多的人都受傳統觀念的束縛，或被遮住了信心的陽光，或被捆住了嚮往自由的翅膀，而不能盡情的發展與翱翔。其實，只要你是雄鷹，又何患不能搏擊長空？只要你是蛟龍，又何患不能騰雲青天？

做棵招風的大樹，這種「大樹」的「大」可以定義為：魅力。它包括心懷寬廣、舉止得體、懂得換位思考、擲地有聲、條理清晰並讓人信服等等。擁有個人魅力的人去到哪裡都是一棵「大樹」，就算偶爾有不馴服的風，也終究會被大樹的魅力所折服。

做棵大樹，尋找並且建立自己的價值，然後把自己的價值傳遞給身邊的朋友，並且促成更多資訊和價值的交流，這就是建立強而有力的人脈關係的基本邏輯。

要建立你的價值。在盤點人脈關係前，冷靜問問自己：你對別人有用嗎？我能給他人提供哪些價值？不要一味的想到回報而沒有付出，你無法被人利用，就說明你不具有價值（比如說，職業規劃無非是提升你的「被雇傭價值」），你越有用，你就越容易建立堅強的人脈關係。

學會向他人傳遞你的價值。世界第一的推銷員喬・傑拉德在台灣演講時，他把他的西裝打開來，至少撒出了三千張名片在現場。他說：「各位，這就是我成為世界第一名推銷員的秘訣，演講結束。」然後他就下場了。發現了自己的價值，要善於傳遞自己的價值，採取開放的心態與朋友溝通交流，善於向別人傳遞你的「可利用價值」，從而促成交往機會，彼此更深入地瞭解和信任對方。

你很有價值，你身邊也有很多朋友各有自己的價值，那麼為什麼不把他們聯繫起來，彼此傳遞更多的價值呢？這便是「招風」的關鍵所在。如果你只是接受或發出資訊的一個終點，那麼人脈關係產生的價值是有限的；但是，如果你成為資訊和價值交換的一個樞紐中心，那麼別的朋友也更樂意與你交往，你也能促成更多的機會，從而鞏固和擴大自己的人脈關係。

自己站不穩，別人靠不住。要做一棵讓人可以依靠遮蔭的大樹，必先學好紮根和豐盛，豐盛包括財富和心靈，但心靈的富足更重要，先由自己做起。一個懂得先豐足自己的人，才懂得如何豐足別人。

珍惜自己擁有的一切，愛護自己擁有的一切，活出自己的品牌。

如果你有比較大的抱負，那不妨嘗試做一棵大樹。樹大了，樹蔭也會跟著大，人生也會更精彩。

巧用名人效應更高調

名人出現所達成的引人注意、強化事物、擴大影響的效應，或人們模仿名人的心理現象統稱為名人效應。名人效應已經在我們生活中的方方面面產生深遠影響，比如名人代言廣告能夠刺激消費，名人出席慈善活動能夠帶動社會關懷弱者等等。簡單地說，名人效應相當於一種品牌效應，它可以帶動人群，它的效應可以如同瘋狂的追星族那麼強大。

從人際交往方面來說，名人效應也可以為你帶來意想不到的效果，讓你事半功倍地達到自己的目的。他人的引見或讚揚，尤其是有一定社會地位和知名度的名人，有時比你「老王賣瓜，自賣自誇」的自我介紹要有用得多。

其實名人效應在人際交往中的使用由來已久，中國自古有很多智慧謀略與之相關，比如：狐假虎威、拉大旗做虎皮等等。傳統上對其評價不高，誠然，小人慣於沾光行騙，欺世盜名，狗仗人勢，但這並非借光本身的錯誤。只要動機純正，借助各種外力提升自己的知名度和辨事效果，是被社會承認的方式之一。我們不可對此妄加指責，斥責其一無是處。很多人都有一個誤區，似乎一提借名人的光便是借用他的勢力，其實這是片面的誤解。借權貴名流為自己所用，只是借光的常見形式，實際上，凡是能讓我們為人做事增光添彩的人、物、事、情，都是借用的範圍，比如，祖宗、衣服、籍貫等等，不一而足。

「狐假虎威」，其實就是一個典型的借用名人效應的故事：狐狸是很聰明的動物，由於牠沒有足夠的力氣，個頭又矮小，因此生存處境很不利。在森林中，狐狸得不到應有的尊敬，沒有誰真正把牠放在眼裡。為了克服這一不利條件，狐狸說服了老虎與牠做朋友。透過與力大無比、令人敬畏的老虎之間的交往，狐狸可以伴隨著老虎在森林中隨心所欲的行走，並且享受他人給予老虎的尊敬。長久下來，即使老虎不在狐狸身邊，狐狸在森林中的生存也變得容易多了。

《戰國策》中也有這樣的故事：

蘇代有事情要去遊說齊王，在他未見到齊王之前，他先去遊說淳于髡（齊國名士）。蘇代說：「聽說有一個賣駿馬的人，一連三天在市場叫賣乏人問津，於是他就去拜訪伯樂，請伯樂繞著駿馬細看一下，離開一會兒後再回頭去看看馬，結果一日之內他的駿馬就漲價十倍。現在我想送給齊王一匹駿馬，但就是沒有門路，請閣下做我的伯樂，我願意奉上白璧一只和黃金千鎰，作為馬的飼料。」

於是淳于髡就去見齊王，齊王果然接見蘇代，並且非常器重蘇代。

其實蘇代要見齊王應該不難，難是難在見齊王時如何讓他知道自己是個好人才，尤其在齊國自吹自擂是會讓人輕視的，因此特別透過淳于髡推介，一來是想藉助淳于髡的尊口，以免一些好話自己難開口，二來是經過享有清譽之稱的淳于髡作為第三者來推介，將更能抬高身價。

在現今的時代，名人效應在人際交往過程中顯得更加重要了。借助名人提高自己的社會知名度，越來越成為被社會所承認的成名方式之一。你可以巧借名人，如在交談中常出現的一些身分最高的人的名字，這樣可以使你在別人眼裡顯得不同尋常；或者巧借名言，比如請社會名流為你題詞作畫，請專家教授為你著的書作序，請明星為你簽個名等等。這些做法雖然有沽名釣譽之嫌，其實公正的說，卻也代表了一些人「敢為天下先」的眼光，是人在擴大自己交際範圍過程中的一種正當策略。

結交名人

名人畢竟與普通人不同，無論從生活方式還是從處世心態上來說，都與普通人有著一定的差別。那麼，我們應該如何結交名人呢？下面的事例或許能夠給你一些啟發。

范思哲是義大利時裝的標誌人物，而他本人也是當之無愧的大師。除了天才的設計和創作之外，范思哲還善於打名人牌。范思哲曾廣泛結交社會各界名流，在他的豪宅裡經常舉辦各種大型聚會，許多名人都是他的常客。范思哲不惜出重金利用名人來為自己製造商業奇蹟，同時也為這些人提供了一種與眾不同的生活方式；那就是榮譽、奢華與時尚的完美結合。

范思哲喜歡給皇室貴族或演員名流做衣服。名人跟普通人一樣，都喜歡漂亮衣服；名人跟普通人又有區別，他們更受人矚目，他們參加各式各樣的公開晚會或者聚會，經常出現在各種媒體上被報導，這無疑就會帶給品牌不可估量的關注和增值。

范思哲曾為著名影星尼可·基曼設計了一套金色禮服，合體的流線設計襯托出苗條的身材，使同樣一頭金髮的尼可在奧斯卡的頒獎典禮上出盡風頭，而這套服裝也很快成為范思哲公司的暢銷貨。

范思哲還為影星史泰龍精心設計了一套深藍色的西裝，掩飾了他兩肩過大的缺陷，使他的身材看上去更加挺拔，這套西裝至今為美國時裝界所推崇。

二十世紀九〇年代初，瑪丹娜為范思哲品牌所拍的一系列宣傳照成為經典之作，瑪丹娜的野性與范思哲的明艷被稱為天衣無縫的組合。

前拳王泰森在獄中的時候，范思哲給他送去了一些服裝，這使泰森感激涕零。出獄之後重登拳壇的他連戰連勝時，其短褲也變成了美國青少年的愛物。

范思哲還為戴安娜王妃設計過一套單肩禮服，他選用了最嬌艷的藍色，裁剪了最柔軟的綢緞，使戴安娜王妃滿身洋溢著活力和熱情，在夏日的陽光下分外耀眼。

紐約第五大街最有名的薩克斯時裝公司的總經理馬雷・布拉沃認為：「范思哲的成功之處，在於他能夠透過傳媒手段和明星人物把影響擴大到消費者的家。」范思哲的崛起，使時裝業本身的精神實質得到了昇華，把普通的衣服變成了藝術。這是范思哲對世界時裝業的巨大貢獻。

要和人相識，並不像通常所想像的那麼困難，就是要結交地位較高的名人也如此。尤其是年輕人，可以無所顧慮的和地位較高的人親近。

美國有一位名叫亞瑟・華卡的農家少年，在雜誌上讀了某些大實業家的故事，很想知道得更詳細些，並希望能得到他們對後來者的忠告。

有一天他跑到紐約，也不管幾點開始辦公，早上七點就到了威廉・亞斯達的事務所。

在第二間房子裡，華卡立刻認出了面前那體格結實，長著一對濃眉的人是誰。亞斯達開始覺得這少年有點討厭，然而一聽少年問他說：「我很想知道，我怎樣才能賺到百萬美元？」他的表情便柔和並微笑起來。兩人竟談了一個鐘頭，隨後亞斯達還告訴他該去訪問其他實業界的名人。

華卡照著亞斯達的指示，遍訪了一流的商人、總編輯及銀行家。在賺錢這方面，他所得到的忠告並不見得對他有所幫助，但是能得到成功者的指引，卻給了他自信。他開始仿效他們成功的做法。

又過了兩年，這個二十歲的青年成為他學徒那家工廠的所有者。二十四歲時，他是一家農業機械廠的總經理，為時不到五年，他就如願以償的擁有百萬美元的財富了。這個來自鄉村粗陋木屋的少年，終於成為銀行董事會的一員。

華卡在活躍於實業界的六十七年中，實踐著他年輕時來紐約學到的基本信條，即多結交有益的人。會見成功立業的前輩，能轉換一個人的機運。

年輕的男女都能直率地表達崇拜英雄的心意，可是年紀一大，就認為不可不將這種心意隱藏起來，但是隱匿崇拜英雄的心意是錯誤的。應當與你所崇拜的人親近，這才是良策。這不但能使對方感到高興，而且會鼓勵你，增加你的勇氣。這是與名人結交的一個重要原則。

成為圈子裡的亮點

在現代社會理念下，每個人都有自己獨特的才華，都有自己的亮點。有的才華早早顯現，為眾所周知，在人群中鶴立雞群，出乎其類，拔乎其萃；有的則好像凡夫俗子一樣，在任何地方都沒有聲響，來不為眾人所矚目，去也沒有人關注，平平常常，似乎平淡的沒有一點能讓人茶餘飯後成為談話的對象，甚至連謠言都不沾邊。

人生世上，才華這顆種子什麼時後開花，不是自己可以左右的。早現的可以說有福，晚現的難免伴有陰影。每個人的才華早也好，晚也好，能夠顯現的條件是自信。只有自信，才能待人接物從容不迫，不卑不亢，落落大方；只有自信，才能讓早到的才華充分展現，才不至於在遇到小的挫折之後對自己喪失自信，才能保持才華之花開得更長久；只有自信，才不至於因為目前的境遇艱難而自暴自棄，才會熬到時機到來，才會展現自己的才華。自己都不相信自己，又怎麼能讓別人相信你的才華？又如何展現自己的才華呢？每天一成不變的活著，沒有自信與人交流，無法表現自己的閃光點，這樣當然會被人無視。這個世界還沒理想到自己什麼都不做，別人就對你好的地步。

如果你想要改變，就為一樣事物努力。喜歡唱歌，就嘗試一切可能的方法去練習，不要錯過任何展示自己的機會。

最重要的是，不要在意別人想讓你怎麼做，而要明確自己渴望做的。在別人的眼光下生活，會缺少自己的色彩，變成生活畫面的背景，如同桌子椅子一般。

當你活出自己的時候，別人才會把你從畫面的背景中分離出來，發現你的存在。找到一個點，集中你的全部力量，在這個點上超越別人，這個點就是你成功的契機。

很久以前，有一個年輕人想習武，於是帶著盤纏找到一位有名的武林高手拜師學藝，希望成為武林中人。但師傅發現他反應不夠敏捷，不宜習武，教了他一招「三踢腳」（即跳起來在空中連踢三下的招式）後，就再也沒有興趣教他了，於是他就留在師傅門下做些掃掃地、煮煮飯的雜事。

幾年後，來了一個日本武士，在城中擺擂台比武，許多武林高手，包括這位年輕人的師傅前去打擂台，都鎩羽而歸。他告訴師傅，他想試一試，師傅苦笑著說：我都不是他的對手，你就不要去找死了。他對師傅說：我試一下，不行就跑。然後，不顧師傅的阻擋，跳上台去。日本武士一看他上台的身手，蔑視地撇撇嘴，誰知他上去一個「三踢腳」，就把日本武士踢下了擂台。其實，正是由於他只懂得「三踢腳」一個招式，他做任何事情之前都要先踢「三踢腳」，甚至上廁所之前都要先在空中連踢三下。

實際上，他已經把「三踢腳」這一招式練得爐火純青、威力無窮了，只不過他沒有意識到，也沒有機會展示而已。在使用「三踢腳」這一招上他是絕對的高手，輕敵的日本武士自然無法承受他的重擊。這就是武林中所說的，「不怕千招會，就怕一招精」。

每個人都可以打造自己的「三踢腳」，但什麼才是你的「三踢腳」呢？對於我們而言，首先要問問自己，你有「三踢腳」嗎？

如果沒有，不用怕，只要你去挖掘、提煉和昇華自己人格上和品德上美的東西、善的東西、真的東西，就能有自己的「三踢腳」。記住，不要太多，一點就夠，但一定要超越別人。你在你身上總結出比別人更為突出的優點和特徵，不斷地強化，不斷地昇華，你就擁有了自己的「三踢腳」，在求職中亮出，勝利就會屬於你。其實，在現實生活中我們會發現，有些並不十分優秀的人，僅憑一股韌性去追求心愛的人，就能贏得愛情。他們並不是全身金光閃閃，可能就只有一點：不怕失敗。不怕失敗就是他們的核心競爭力。真的，只要你不怕失敗，你就具有無窮的殺傷力。如果你想成功的話，你一定要特別地強調自己的優勢。告訴自己：在這點上我是最棒的，否則你就像一顆沒氣的球，只能灰溜溜地待在一邊。相信你自己吧！

給自己佩戴光環

給自己佩戴光環，說得通俗點就是要給自己臉上貼金。在當今激烈競爭的人際關係中，如果不懂得為自己「評功擺好」，即使肚子裡真有貨色也是枉然。要實幹，更要會往自己臉上貼金。

貼金術的核心技術有如下幾點：

首先，閃光不太經常，卻總有新鮮才華示人，讓人覺得你是不可多得的。

其次，有粉向臉上抹，平時便多找機會，看似不經意地露一手，或敢於說一鳴驚人之語。

再次，得不到的東西既然最好，你便應深居簡出，保持神秘，不隨便允諾請求，讓他人「胃口」常開。

最後，發掘自身特點，所謂「不沾富貴就講品味」，揚己之長，避己之短。

其實在日常交際中，大學者、名教授能有多少，關鍵在於感覺。對方感覺好，就會看好你，而他本身也未必就是專家。即使是專家面前，你可談他不專業的話題，沒什麼好怕的。下面是些常用的表現自我的妙招。

1、引用雅詞

「味甘而補，味苦而清，藥辛發散解表，藥酸寧神鎮靜。任何事物都有它不同的特點，也有它不同的作用。」聽到這樣的話語，你會有什麼樣的感覺呢？我們一定會認為：此人不是醫生，還懂醫藥知識，真不簡單。可以說，在談話中，適度、自然地引用一些具有文化色彩的詞彙，確能起到改善自己形象的作用。

2、說清細節

人的精力有限，生活中的一些不起眼小事、微不足道的歷史趣聞、某大作中的小人物，往往被人們忽略和忘記了。如果你能在交往的節骨眼上，與別人清楚地談起，別人就會以為你學富五車，才高八斗。如果你說：我市有三百多萬人口，別人並不會留下深刻印象。假如你知道人口數是三百一十二萬，那麼就請你將這帶尾數的數字一氣說出。這樣的話，別人就會被你的聰慧嚴謹所折服。

3、用萬能的形容詞

有許多描述詞句都能運用到其他任何事物上。當被問及你對一本著作、一部影片或者一段音樂的看法時，你也許對它一無所知，這時就可以說：我更喜歡他（作者）在此之前的作品，因為它們更pristine。（很少有人知道pristine指的就是質樸的。）或者相反：我更喜歡他以後的作品，因為那些更成熟。

4、發表難以辯駁的觀點

在交談中，肯定有人會轉向你，並詢問：「你的看法呢？」你此刻也許並不想說出你的真實想法，因為你的注意力根本就不在這裡。你可能正在回想來這裡的途中在車內聽到的有趣聲響，或者正在努力回憶某些事情。那麼，可以用這三種與任何主題都有關而又不產生矛盾的說法作為你的觀點：這得依情況而定；也不能一概而論；在不同的情況下也許就不是這樣了。

5、不置可否，混水摸魚

我曾經遇到過一個人，他在回答別人疑問時，所使用的伎倆和表現出來的厚顏無恥幾乎使我喊出聲來：「滾！」譬如說，如果有人問他：你讀過《唐吉坷德》這本書嗎？他肯定會說：哦，暫時還沒開始呢。而我確信，他根本不會去讀那本書，但又有什麼理由打斷這志趣相投的對話呢？

用以上的方法為自己佩戴上一個個的光環，相信你在他人心目中的形象會很快高大起來。

學習是成長的生命線

愛迪生有這樣一句經典名言：可以沒有學歷，不可以沒有學習。結合當下社會，用一句話來表達就是：競爭力決定在學習力。學習無止境，知識是進步的階梯是效率的基礎，學習是成長的生命線。

當今這個社會是一個時刻都在和時間賽跑的社會，是一個講求效率的社會。如果沒有不斷的學習充電的意識，不學習新技能，將無法適應社會的發展，而且會逐漸遭到淘汰。

我們應該深刻明白一點：學習就是動力、動力就是效率。不學習必然會落後，沒有危機感的人必將面臨更大的危機。我們只有保持正確的心態去學習、永無止境的學習，才會在這個高速發展的時代找到適合自己的位置。

下面讓我們來看一則故事：

唐朝時，有一年長安地區好久沒有下雨，田裡莊稼盡枯、旱災嚴重。唐德宗下令祈雨，按時風俗慣例，舉辦了歌舞雜戲競技的盛會。在長安天門街中心的二側，各搭了一座彩樓，舉行表演藝術競賽。輪到音樂比賽時，東街推出了琵琶名手康昆侖上台表演。康那時自以為是天下第一名手，必然無敵。在台上悠然自得，彈了一曲《新翻羽調綠腰》。這是一首有技巧的生動活潑的樂曲。果然名不虛傳，奏得娓娓動聽。

當東街市民正在嘖嘖稱道一片讚揚之聲的時候，西街彩樓後台走出一名妙齡女子，盛妝艷服，懷抱琵琶，在台前施禮後，對著台下觀眾說：我也彈《新翻羽調綠腰》。只見她輕拈重撥，感情生動細膩，移調彈奏，音響宏亮鏗鏘，激昂處宛如雷聲隆隆，妙絕入神。顯示了高超的演技和非凡的功力。不但博得台下觀眾讚嘆，連康昆侖也驚奇不已。他心想，從來沒有聽說過這樣的高手女子，應該向她拜師學藝。這時，那女子已從後台更衣而出，原來並非是女子，而是西街士紳送了厚禮，請來化妝上台表演的段師和尚。

第二天皇帝召見了他們，旨命段師把技藝傳授給康昆侖。段師奏請康昆侖彈演一曲，作技術考查。聽畢。段師問康昆侖：「你的演奏手法為什麼很雜？發音有時還不夠清晰正確。」康昆侖十分敬佩段師的洞察力，回答說：「師父真是神仙。我幼年受教在鄰居一個巫婆處，學了幾首入門樂曲，後來又先後向幾個不同派別的老師學習，師父指出的缺點，擊中要害，很中肯。」段師認為康昆侖的基本演奏方法不對，路子不正，主張從頭學起，提出「十年不弄樂器」，忘了過去的方法再學才能成功，康昆侖立志上進，求學心切，拜了師父。他決心不留戀過去，徹底丟掉原來的不正確的基礎技巧。過了一段時間，在段師悉心指導下，用功練習，終於學成了高明的本領，成為一代國手。

毋庸質疑，我們成功道路上的每一個發展和進步，都是我們精神和思想以及潛能和素質的暴發力在起作用，除此以外倘若還有其他的緣由，那一定是天時和地利之類的外在因素了。然而後兩者的作用，似乎也不是模棱兩可微不足道，一定是這個樣子的。

在我們自身的潛能和素質被完全，或者部分開發和發掘出來以前，是必須積蓄和積累的，否則是一定開發和發掘不出來什麼的。我們的精神和思想更是需要經常提升和昇華的，這就好比逆水行舟，不進則退。積蓄和積累，提升和昇華，都是需要修煉和學習的。

確實如此，不修煉和學習，我們就不能發展和進步，還何談事業的成功呢？好好學習，天天向上！活到老，學到老！學習永遠沒有止境的！

走在變化的前方

相信有人看過《誰搬走了我的乳酪》這本書。書中的「乳酪」比喻生活中我們想得到的任何東西。我們每天都在為乳酪而努力著，沒有乳酪我們將失去動力。而當我們真正得到了乳酪，又會怎樣呢？

有的人如哼哼唧唧，得到了乳酪便開始享受它，覺得一切都已經結束，可以高枕無憂了，要做的僅僅是慢慢享用。說到這，不由得讓我想起我們的一些高考學子們，他們為了自己的大學夢拚命學習著，而等到真正入了大學的校門，卻只懂得如何去揮霍時間、如何去享受生活。當然，我們很多時候也是這樣，任憑一腔熱情打下了江山，卻不知守住它要難得多。

有的人隨時注意著身邊的變化，稍有改變及時調整，並且立刻向著新的目標前進，毫不猶豫。

相信每個讀完這個故事的人都希望自己像嗅嗅和匆匆，自己能夠不斷找到新的乳略，而要成為這樣的角色，自己的心態是否調整好了呢？是否能夠坦然接受身邊的變化呢？

首先，我們得承認變化，學會調整自己。在生活的迷宮裡學會：預測變化、關注變化、適應變化、享用變化。仔細想來，我們的生活因這樣的變化而精彩。

每一次變化，其實就是一個成長的過程。如此想來，確實應該享用這寶貴的變化，享受這適應變化的過程。不過，適應變化並不是順從變化，而是在明確自己目標的基礎上，所以享用變化之前要先會分析變化、關注變化。伯恩崔西給青年人的忠告：很多事之所以會失敗，是因為沒有遵循變通這一成功原則。無論是做人，還是做事，都要學會變通。因為，只有變通才會找到方法，才會獲得一條捷徑。

有這樣一個故事：從前，有兩個青年人，一個叫小山，一個叫小水，他們住在同一村莊，成為最要好的朋友。由於居住在偏遠的鄉村謀生不易，他們就相約到遠地去做生意，於是同時把田地變賣，帶著所有的財產和驢子遠行了。

他們首先抵達一個生產麻布的地方，小水對小山說：在我們的故鄉，麻布是很值錢的東西，我們把所有的錢換取麻布，帶回故鄉，一定會有利潤的。小山同意了，兩人買了麻布細心地捆綁在驢子背上。接著，他們到達了一個生產毛皮的地方，那裡也正好缺少麻布，小水就對小山說：毛皮在我們故鄉是更值錢的東西，我們把麻布賣了，換成毛皮，這樣不但我們的本錢回收了，返鄉後還有很高的利潤！小山說：不了，我的麻布已經很安穩地捆在驢背上，要搬上搬下多麼麻煩呀！小水把麻布全換成毛皮，還多了一筆錢。小山依然有一驢背的麻布。

他們繼續前進到一個生產藥材的地方，那裡天氣酷寒，正缺少毛皮和麻布，小水對小山說：藥材在我們故鄉是更值錢的東西，你把麻布賣了，我把毛皮賣了，換成藥材帶回故鄉一定能賺大錢的。小山拍拍驢背上的麻布說：不了，我的麻布已經很安穩的在驢背上，何況走了這麼長的路，卸上卸下太麻煩了！小水把毛皮都換成了藥材，還賺了一筆錢。小山依然有一驢背的麻布。

後來，他們來到一個盛產黃金的城市，那充滿金礦的城市是個不毛之地，非常欠缺藥材，當然也缺少麻布。小水對小山說：在這裡藥材和麻布的價錢很高，黃金很便宜，我們故鄉的黃金卻十分昂貴，我們把藥材和麻布換成黃金，這一輩子就不愁吃穿了。小山再次拒絕了：不！不！我的麻布在驢背上很穩妥，我不想變來變去呀。小水賣了藥材，換成黃金，又賺了一筆錢，小山依然守著一驢背的麻布。

最後，他們回到了故鄉，小山賣了麻布，只得到蠅頭小利，和他辛苦的遠行不成比例。而小水不但帶回一大筆財富，還把黃金賣了，便成為當地最大富豪。

小山和小水之所以有不同的命運，在於小山固守死板而小水懂得變通。

我們每天面對層出不窮的矛盾和變化，是刻舟求劍以不變應萬變，還是採取靈活機動的變通方式，這是我們要確立的一種做人做事的態度。

人的思維方式，常常出現兩大定勢：一是直線型，不會拐彎抹角，不會逆向思維和發散思維；二是複製型思維，常以過去的經驗作為參照，不容易接受新鮮事物。西方有一句諺語：「上帝向你關上一道門，就會在別處給你打開一扇窗。」只要我們不拒絕變化，並且善於變化自己的思維習慣，善於改變自己的觀念，我們就能走出困境，進入新的天地。

實驗證明，不管你是覺察到還是沒有覺察到，不管你是願意還是不願意，每個人時時刻刻都在尋求變通。所不同的是，善於變通的人越變越好，而不善於變通的人卻是越變越差。我們只要掌握了變通之道，就會應對各種變化，在變化中尋找到機會，在變化中取得成功。

不知足者，做得更好

人生的志向並不是超越別人，而是超越自己。刷新自己的紀錄，以今日更新、更好的表現凌駕在昨天的成績之上。一個人追求的目標越高，他的才智就發展得越快，對社會就越有益。

知足者，目光短淺；知足者，固步自封。知足，使人愚昧，鬥志消磨，給人帶來「常憂」而不是「常樂」。人生，只有不知足，才能超越；靈魂，只有不知足，才能達到一個高度，進入一種境界。永不滿足於已有的成就，以更大的熱情去獲取更大的成功，不斷給自己加壓，不斷給自己創造成功的機會，永遠不讓發動機熄火，才能使自己的生命之車駛至盡可能遠的奇境。

人們常說：知足常樂。但實際上，不知足才能常樂。從物質生活方面看，要想常樂就必須不知足。試想，如果人們只滿足在馬車、人力車的水準，又怎能產生出今天的汽車？如果人們只滿足煤油燈、火石燈的時代，又怎能發明出今天的電燈？如果人們只滿足於結繩記事的方式，又怎能設計出今天的計算機？社會停止不前，人們連生活都得不到保障，快樂又源自何處談起？

追求的過程是快樂的，儘管有無數的荊棘與坎坷，風雨與失敗，但我們總是在向前發展，即使有失敗也無遺憾。失敗的結果雖然痛苦，但並不可怕，怕的是你的心因此而停止不前，安於現狀。魯迅曾說過：「不滿足向上的車輪，能載著不自滿的人類，向大道前進。」契呵夫說：「對自己的不滿足，是真正有天才的人。」試想，從古至今的改革中有一帆風順的？偉大的發明有一試成功的？答案當然是否定的。只有堅持不懈的追求，奮發上進，孜孜不倦地學習，永不知足，不斷進取，不斷攀登，才會有不斷的快樂在我們周遭產生。

從精神生活特別是自我理想方面看，不知足者也常樂。從古時的唐詩宋詞元曲到近代的詩歌散文，再到現今的「黑色幽默派」和「幻想派」小說，哪一種不是由於人們不滿足於時空的限制而創立；毫無疑問，不知足的精神以無形的動力推動了人類的進步，文明的發展，社會的前進，使每個不知足者都嘗到樂的滋味。

一個不斷進取的人，在學習與工作上永不知足，才能不斷上進，取得成就，做一個對社會有益的人。我們有些人在求知上總有滿足感，覺得自己有一紙文憑一點知識眼下能應付。於是，或碌碌無為不愛學，或裝潢門面不想學，或藉口繁忙不願學，滿足於淺嘗輒止。事實告訴我們，一個人的能力與其知識的廣博是成正比的。知識淵博，思想就會充實，眼界就會開闊，境界就會高遠，認識和處理問題的辦法就會靈活，就能應對各種機遇和挑戰。現在是經濟知識時代，知識創新快，更新快，要求我們吸收新知識也要快。我們必須從現在做起，從自己做起，活到老，學到老，刻苦鑽研，廣泛獵取知識，不斷充實自己，豐富自己，提升自己，以適應飛速發展的新形勢、新事物的需要。

雖然「知足者常樂，能忍者自安」的處事哲學，使人在困難中容易找到心理平衡，能夠予以自慰，但無論怎樣的知足與忍，困難仍舊客觀存在，以無視於它的存在而求所謂的安與樂是不行的，即使可以，那也是短時效的，所以從長遠的眼光看待，知足者常「不樂」，能忍者自「不安」。

兩千多年前孔子說過：「學，然後知不足。」莊子說：「吾生也有涯，而知也無涯。」實踐告訴我們，知不足則學，知不足者常新。一個人在工作中存在不足在所難免，也是可以理解的。人非聖賢，孰能無過，關鍵是如何對待不足。只有知不足，才會不斷超越自我，超越過去，才會有求發展、求進步、求完善的內在動力，也才會有理想的目標並為之不懈奮鬥。

做個空杯

所謂「空杯心態」，就是要將心裡的「杯子」倒空，將自己所重視、在乎的很多東西，以及曾經輝煌的過去從心態上徹底清空。

因為一個裝滿水的杯子很難接納其他東西。只有將心倒空了，才會有外在的鬆手和放下，才能擁有更大的成功與輝煌。這是每一個想發展的人所必須擁有的最重要的心態。

有這樣一個故事：古時候一個佛學造詣很深的人，聽說某個寺廟裡有位德高望重的老禪師，便去拜訪。老禪師的徒弟接待他時，他態度傲慢，心想：我是佛學造詣很深的人，你算老幾？後來老禪師十分恭敬地接待了他，並為他沏茶。但在倒水時，明明杯子已經滿了，老禪師還不停地倒。他不解地問：「大師，為什麼杯子已經滿了，還要往裡倒？」大師說：「是啊，既然已滿了，幹嘛還倒呢？」禪師的意思是，既然你已經很有學問了，幹嘛還要到我這裡求教？這就是「空杯心態」的起源，象徵意義是，做事的前提是先要有好心態。如果想學到更多學問，先要把自己想像成一個空著的杯子，而不是驕傲自滿。

「空杯心態」並不是一味的否定過去，而是要懷著否定或者說放空過去的一種態度，去融入新的環境，對待新的工作，新的事物。對於身在職場，往往最容易得意之時忘形，對忘形的人們而言，空杯心態無疑是一劑心理良藥。所謂空杯心態，最直接的含義就是一個裝滿水的杯子很難接納其他的東西。也就是要將心裡的杯子倒空，將自己所重視、在乎的很多東西，以及曾經輝煌的過去從心態上徹底了結清空。只有將心倒空了，才會有外在的鬆手，才能擁有更大的成功。這是每一個想在職場發展的人所必須擁有的最重要心態。

永遠不要把過去當回事，永遠要從現在開始，進行全面的超越！當「歸零」成為一種常態，一種延續，一種不斷經常要做的事情時，也就完成了職業生涯的全面超越。

一只桶的裝水量，取決於最差、最短的那塊桶板。這個古樸的水桶定理也叫「短板理論」。「短板理論」被許多人接受並深入到思想裡，又運用到實踐中。然而，許多事實告訴我們，我們的社會迫切需要「長板」的人才，品牌的打造更離不開擁有「長板」優勢的團隊。

其實每個人都有自己的優缺點，從缺點來看，也許你認為自己是短板，但是換個角度，換個位置，你就絕對是一塊長板！

舉大家最熟悉的例子，西楚霸王項羽和漢高祖劉邦。從個人能力來說，項羽幾乎每方面都是長板，劉邦幾乎每方面都是短板，要打的話劉三哥絕對是打不過項大哥的，無論單挑還是各領一軍對陣。但是劉邦根本就沒有想過親自跟項羽動手，他知道自己渾身都是短板，要是非得把短板都補上去，那一輩子都補不完！好，他統籌不行，於是找來蕭何做大管家；他智謀不行，於是找來張良當軍師；他詭計不行，於是找來陳平代勞；他指揮戰爭簡直是小學生水平，於是找來了博士級別的韓信……其餘諸如英布、夏侯嬰、曹參等等，無一不是重量級人馬。於是劉邦可謂混得如魚得水矣！哪方面都有拿得出手的人物，一個完整的木桶就這樣箍成了。值得一提的是，韓信、英布、陳平等名將謀士，都是劉邦從項羽身邊挖角過來的。

而項羽這邊呢？一味的靠自己的武勇，開始確實威風得很，但是對人才不重視讓他付出慘重的代價。陳平擅長詭計，但項羽卻只看到陳平品德不足的方面（陳平盜嫂）。韓信打仗在行，但項羽卻因為他出身低微而不重視。手下的人走的走，降的降，連忠心耿耿、腹隱兵甲的的范亞父都被他氣死了。此消彼長，項羽的木桶開始到處漏水，最後只剩下自己這根長板，卻又有何用呢？連一滴水都裝不下了，又談什麼爭霸天下呢？

回想歷史，真是令人感嘆啊！項羽可謂不世出的英雄了，可是輸給了流氓劉邦，歷代「創業者」無不為他扼腕嘆息。

可是，劉邦自己真的沒有長板嗎？劉邦唯一的長板就是他能夠用人，懂得收集各式各樣的長板！這是創業者成功的必要前提！

如今的時代比起古代，更加地瞬息萬變，機會總是一閃即逝。創業的頭等大事就是網羅長板，而不是補自己的短板！一個人只要有自己擅長和喜歡的長板就可以了，其他不擅長、不喜歡的短板可以全部交給專業人士去做，人應該揚長避短，而非取長補短，這便是成功的關鍵。

國家圖書館出版品預行編目資料

高調做人,你才能夠成就自己 / 艾芮偲著. -- 初版. -- 臺北市 : 種籽文化, 2018.04
面 ; 公分
ISBN 978-986-96237-1-1(平裝)

1.自我肯定 2.成功法

177.2 107004417

Concept 113

高調做人,你才能夠成就自己

作者 / 艾芮偲
發行人 / 鍾文宏
編輯 / 編輯部
美編 / 文荳設計
行政 / 陳金枝

出版者 / 種籽文化事業有限公司
出版登記 / 行政院新聞局局版北市業字第1449號
發行部 / 台北市虎林街46巷35號1樓
電話 / 02-27685812-3傳真 / 02-27685811
e-mail / seed3@ms47.hinet.net

印刷 / 久裕印刷事業股份有限公司
製版 / 全印排版科技股份有限公司
總經銷 / 知遠文化事業有限公司
住址 / 新北市深坑區北深路3段155巷25號5樓
電話 / 02-26648800 傳真 / 02-26640490
網址：http://www.booknews.com.tw(博訊書網)

出版日期 / 2018年04月　初版一刷
郵政劃撥 / 19221780戶名：種籽文化事業有限公司
◎劃撥金額900(含)元以上者，郵資免費。
◎劃撥金額900元以下者，若訂購一本請外加郵資60元；
劃撥二本以上，請外加80元

定價：250元

喬木書房

喬木書房